U0846058

THE STANDARD FOR ORGANIZATIONAL PROJECT MANAGEMENT

组织级项目管理标准

[美] Project Management Institute 著

電子工業出版社
Publishing House of Electronics Industry
北京 · BEIJING

商标提示

Trademark Notice

版权贸易合同登记号　图字：01-2019-0894

图书在版编目（CIP）数据

组织级项目管理标准 / 美国项目管理协会著；傅永康，肖杨，续华译. —北京：电子工业出版社，2019.6

书名原文：The Standard for Organizational Project Management

ISBN 978-7-121-36315-3

Ⅰ. ①组… Ⅱ. ①美… ②傅… ③肖… ④续… Ⅲ. ①项目管理－标准 Ⅳ. ①F224.5-65

中国版本图书馆 CIP 数据核字(2019)第 066693 号

策划编辑：刘露明
责任编辑：刘淑敏
印　　刷：三河市鑫金马印装有限公司
装　　订：三河市鑫金马印装有限公司
出版发行：电子工业出版社
　　　　　北京市海淀区万寿路 173 信箱　　邮编 100036
开　　本：880×1230　1/16　印张：6.25　字数：156 千字
版　　次：2019 年 6 月第 1 版
印　　次：2019 年 6 月第 1 次印刷
定　　价：98.00 元

凡所购买电子工业出版社图书有缺损问题，请向购买书店调换。若书店售缺，请与本社发行部联系，联系及邮购电话：（010）88254888，88258888。

质量投诉请发邮件至 zlts@phei.com.cn，盗版侵权举报请发邮件至 dbqq@phei.com.cn。

本书咨询联系方式：（010）88254199，sjb@phei.com.cn。

声明

作为项目管理协会（PMI）的标准和指南，本标准是通过相关人员的自愿参与和共同协商而开发的。其开发过程汇集了一批志愿者，并广泛收集了对本标准内容感兴趣的人士的观点。PMI 管理该开发过程并制定规则以促进协商的公平性，但并没有直接参与写作，也没有独立测试、评估或核实本标准所含任何信息的准确性、完整性或本标准所含任何判断的有效性。

因本标准或对本标准的应用或依赖而直接或间接造成的任何人身伤害、财产或其他损失，PMI 不承担任何责任，无论是特殊、间接、因果还是补偿性的责任。PMI 不明示或暗示地保证或者担保本标准所含信息的准确性和完整性，也不保证本标准所含信息能满足你的特殊目的和需要。PMI 不为任何使用本标准或指南的制造商或供应商的产品或服务提供担保。

PMI 出版和发行本标准，既不代表或向任何个人或团体提供专业或其他服务，也不为任何个人或团体履行对他人的任何义务。在处理任何具体情况时，本标准的使用者都应依据自身的独立判断，或者在必要时向资深专业人士寻求建议。与本标准议题相关的信息或标准亦可从其他途径获得。读者可以从这些途径获取本标准未包含的观点和信息。

PMI 无权也不会监督或强迫他人遵循标准的内容，不会为安全或者健康原因对产品、设计或安装进行认证、测试或检查。本标准中关于符合健康或安全要求的任何证明或者声明，都不是 PMI 做出的，而应由认证者或者声明者承担全部责任。

前言

《项目管理知识体系指南》(PMBOK®指南）第 6 版及其他 PMI 标准为项目组合、项目集和项目的管理提供了指导，以助这些活动成功取得成果。在组织环境中，项目组合、项目集和项目的管理应与组织的业务战略和目标相一致，以便为组织带来最大收益。

组织级项目管理（Organizational Project Management，OPM）是用于使项目、项目集和项目组合管理实践与组织战略和目标保持一致，以及在组织的背景、情境或结构中定制或拟合这些实践的框架。 本书为组织管理、PMO 员工和有关这些主题的从业者提供指导。

本书取代了之前由 PMI 于 2014 年出版的《组织级项目管理实践指南》，并且对该“实践指南”的内容进行了扩展。

标题从“实践指南”到“标准”的变化反映了从 PMI 实践指南中基于程序的指导“怎么做”到更强调在组织环境中基于原则的“为什么”实践项目管理的改变。“实践指南”中的基于程序的指导已经被放到本标准的附录部分。相比于“实践指南”，PMI 标准经历了更为彻底和严格的审批过程，体现了该主题的成熟度。

本标准没有取代 PMI 仍在继续出版的《组织级项目管理成熟度模型》(OPM3®）标准。这两个标准能协同使用。本标准为组织在组织层级实施项目管理实践并在该实践中发展能力和成熟度提供指导。OPM3®及其他可用的成熟度模型是用来测量这些能力，确定需要改进的领域，并提高与项目管理实践有关的组织成熟度等级的工具。

目录

第 1 章

引　论

本标准能为创建组织级项目管理框架提供指南。OPM 需要对实践与流程进行适应与调整，通过项目组合、项目集和项目管理的方式，为实现组织的战略目标提供最佳支持。本标准对于还未统一项目管理方法的组织及正在改进和维持现有项目管理框架的组织特别有用。

OPM 通过开发项目组合、项目集及项目管理原则和实践，并链接其与组织驱动因素和组织流程来提升组织能力，从而支持战略目标。组织驱动因素是指可被执行组织用来实现战略目标的结构、文化、技术或人力资源实践。

1.1　目标受众

本标准适用于参与项目组合、项目集和项目管理的从业者。这些从业者可能包括但不限于：

- 对营利、非营利或政府部门和组织单元负责战略交付的高管。
- 参与支持 OPM 的高管和经理，如那些负责项目组合/项目集/项目管理办公室（Project Management Offices, PMO）或卓越中心（Center of Excellence, COE）的高管。
- 任何参与领导、管理或监管项目组合、项目集和/或项目的相关方。
- 任何负责监管 OPM 治理或者制定与 OPM 相关政策的相关方。
- 处于领导职位的项目组合、项目集和项目经理，以及处于联络职位的如负责与 OPM 有关的组织能力的职能经理与服务交付经理。
- 参与到设计与实施项目组合、项目集和/或项目绩效改进举措的流程与组织变革专业人士（包括质量和能力管理成熟度改进专业人士）。
- 其他负责监管项目组合、项目集和/或项目的管理者。
- 战略性项目组合、项目集、PMO 和/或 COE 成员。

- 职能经理，包括管理项目组合、项目集和项目管理专业人士的经理。

1.2 概述

本标准为协助组织确认、评估和应用公认的原则、概念、方法和最佳实践提供了指南，以便建立和维持 OPM 能力。它旨在使组织能更好地结构化管理项目组合、项目集和项目，从而实现战略目标。本标准的组织：

- 第 1 章 引论。本章包含本标准的概述，描述了 OPM 的原则、主要相关方及实施的基本考虑。此外，本章还描述了 OPM 及其框架的相关性，本标准的目标受众，以及如何使用本标准的意见。
- 第 2 章 基本概念。本章描述了 OPM 的基本概念和有助于成功实现 OPM 的因素。它讨论了什么是 OPM，以及它如何支持组织。
- 第 3 章 OPM 框架介绍。OPM 框架描述了为 OPM 提供持续支持所需的要素，以及在任何组织中建立 OPM 方法论的要求。本章根据核心要素（包括方法论、知识管理和人才管理）对框架进行描述，以支持组织战略的实施。
- 第 4 章 组织中 OPM 框架要素。本章介绍了 OPM 框架的识别，包括关键 OPM 元素的裁剪，如方法论、知识管理、人才管理和治理。
- 第 5 章 OPM 实施。本章介绍了 OPM 实施项目集中通常遇到的注意事项，如未来的运营状态设计、项目集组织、商业论证和收益识别领域。本章提供了 OPM 成熟度模型的示例，以便从能力识别和开发的角度了解它们在规划和控制 OPM 举措中的作用。
- 第 6 章 持续的 OPM 管理和监督。本章描述了组织如何确保 OPM 举措成功交付预期收益，并在实施项目集完成后维持收益。它还讨论了如何对已实施的 OPM 系统进行长期监督，以确保其不断改进系统并实现收益。

包含的附录：

- **附录 X1** 《组织级项目管理标准》的贡献者和审阅者
- **附录 X2** OPM 实施的组织考虑
- **附录 X3** 关于实施 OPM 举措的推荐调查问题
- **附录 X4** 如何开发一个裁剪的 OPM 方法论
- 附录 X5 OPM 的组织驱动因素

1.3 OPM 方法

OPM 是为实现战略目标而整合项目组合、项目集和项目管理与组织驱动因素的框架。OPM 支持组织所有职能领域的知识、流程、人员和支持工具的适当平衡，为其项目组合、项目集和项目管理工作提供指导。图 1-1 描述了涵盖所有 OPM 域的系统 OPM 方法，包括以下内容：

◆ **战略**。旨在以切实有效的方式使用组织内部或外部的资源来实现主要目标的高层级计划。战略规划是制定和实施有关组织未来发展方向决策的过程。

◆ **项目组合价值决策**。用来有效地选择项目组合中能支持公司战略的举措，从而实现既定的主要长期目标。

◆ **项目集与项目**。用来切实有效地执行与旨在交付可预测的商业价值的战略相一致的举措。

◆ **运营**。通过收益实现流程来实施举措和测量商业价值。

◆ **项目组合审查和调整**。通过严格商业价值决策过程来协调战略和组织资源，以反映内部和外部变化的条件。

◆ **业务影响分析**。分析已经实施的项目集和项目的影响和价值，并将业务结果数据与项目组合相结合。

◆ **价值绩效分析**。提供从商业价值实现回馈到组织战略的商业价值实现数据。

◆ **组织环境**。表示用来支持 OPM 和组织战略交付而创建的组织治理、政策、组织文化及支持实践。

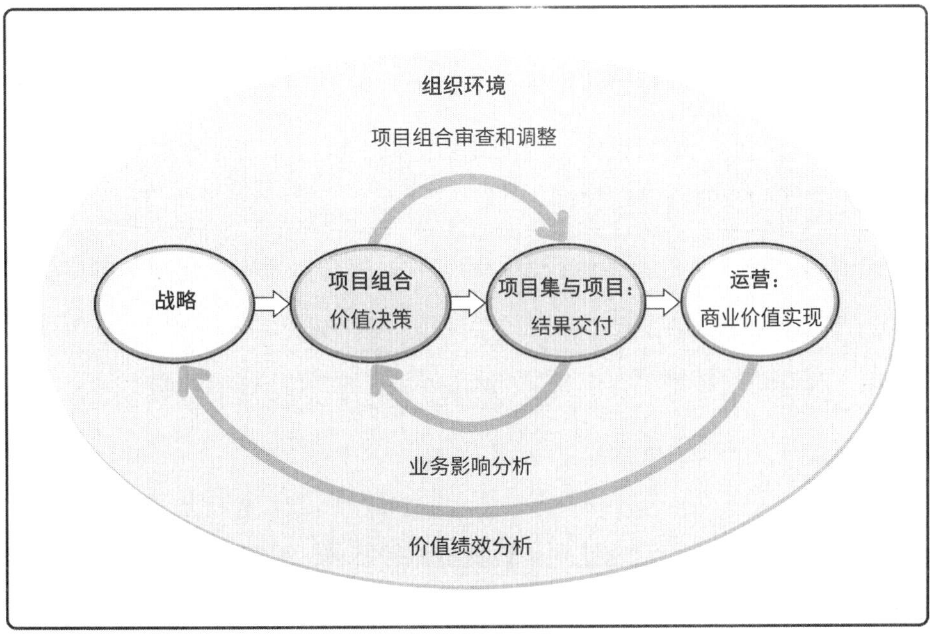

图 1-1　组织级项目管理

每种 OPM 方法都包含多个流程，这些流程可转化为组织应具备的特定能力，以提高其成熟度并通过其战略执行获得更好的成功。此外，组织需要具有已证明的 OPM 能力的环境，以支持其战略和价值的实现。

由于 OPM 描述了许多能力，因此每个组织都需要确定能实现其战略所必需的能力。例如，一个国家的银行可能不需要与另一个国家的银行具有完全相同的能力，或者与软件开发组织具有完全相同的能力。

OPM 基于项目组合、项目集和项目管理的实施，并以适当方式结合业务流程和实施实践改进，以实现与战略优先级相一致的结果。为支持战略执行框架而实施业务或流程改进实践并不能确保实现更好的结果。为了取得更好的结果，战略执行应与熟练使用已定义过程的专业人员的适当组合相结合，以实现战略目标。

1.3.1 OPM 原则

当组织努力改进时会面临挑战。组织需要有效地使用资源来高效率地实现其目标。

OPM 旨在协助组织交付价值，它基于以下的原则：

- **组织战略一致性**。所有项目组合、项目集和项目都应透明且可测量地支持组织战略。
- **整合组织驱动因素**。项目组合、项目集和项目的成功协调、执行和交付是基于所有直接或间接参与实践之间的及时合作。
- **执行和交付一致性**。所有被授权的项目组合、项目集和项目都应以道德和专业的方式在治理和方法论参数范围内被前后一致地执行和交付。
- **组织整合**。项目组合、项目集和项目的成功协调、执行和交付是基于除了高管支持，所有的组织相关方之间的及时合作与协同。
- **对组织的价值**。在 OPM 框架内进行投资和工作，以交付超出运营成本的产品、服务、结果或收益。
- **持续发展**。跟踪和记录员工在日常活动中正式和非正式地获得的能力、技能、知识和经验。

1.3.2 组织结构

许多组织是通过既定的流程和治理结构实现其战略目标的。高管在做投资决策时会考虑最有可能支持实现组织战略目标的项目集和项目。这些决策基于组织的风险偏好、资源限制和知识库（如人员、知识和资金）。

虽然高管、经理和项目管理从业者通过实施的战略寻求改进的结果，但组织需要了解能适应不同情况的各种基于项目的组织模型。组织结构传统上可以是多种类型（例如，有机型、职能型、矩阵型、项目导向型、虚拟型或混合型）的，这些类型可以影响资源可用性并影响项目的执行方式。组织结构会影响项目在组织内运行的环境，如表 1-1 所示。应考虑各种类型结构，以确保适当的资源分配及适当的方法和政策，从而支持实现建议的商业计划价值。OPM 的实施需要跨职能的项目团队。项目启动时团队成员应当可用，并且考虑到组织结构，职能经理应该支持团队成员参与到项目团队中。

表 1-1　组织结构对项目的影响

组织结构类型	项目特征					
	工作组安排方式	项目经理的职权	项目经理的角色	资源可用性	项目预算管理者是谁	项目管理人员
有机型或简约型	灵活；人员并肩工作	极少或无	兼职；工作角色（如协调员）指定与否不限	极少或无	负责人或操作员	极少或无
职能（集中式）	所需开展的工作（如工程、制造）	极少或无	兼职；工作角色（如协调员）指定与否不限	极少或无	职能经理	兼职
多部门（各部门的职能可交叉，仅有很低程度的集中管控）	其中之一：产品、生产过程、项目组合、项目集、地理区域、客户类型	极少或无	兼职；工作角色（如协调员）指定与否不限	极少或无	职能经理	兼职
矩阵—强	按工作职能，项目经理作为一个职能	中到高	全职；指定工作角色	中到高	项目经理	全职
矩阵—弱	工作职能	低	兼职；作为另一项工作的组成部分，并非指定工作角色，如协调员	低	职能经理	兼职
矩阵—均衡	工作职能	低到中	兼职；作为一种技能嵌入相关职能，也许不是指定的工作角色，如协调员	低到中	混合	兼职
项目导向（撮合、混合）	项目	高到恢复生产全权	全职；指定的工作角色	高到几乎全部	项目经理	全职
虚拟	网络架构，带有与他人联系的节点	低到中	全职或兼职	低到中	混合	可为全职或兼职
混合型	其他类型的混合	混合	混合	混合	混合	混合
PMO*	其他类型的混合	高到几乎全权	全职；指定的工作角色	高到几乎全部	项目经理	全职

注：*PMO 是指项目组合、项目集或者项目管理办公室或组织。

项目组合、项目集和项目管理需要经过深思熟虑的规划和行动，以创造最佳的成功条件。这需要通过实施战略、领导力、目标、过程、技能、系统、问题解决、复杂性管理、风险减轻和结构，来指导和利用项目执行的动态性质。但是，当战略从董事会转向运营时，有时会忽略使用项目管理的前后一致并成功地交付的能力。

无论组织类型是有机型、职能型、多部门型、矩阵型还是项目导向型、虚拟型抑或混合型，战略一致性都应具有跨职能的动态性。所有职能部门的成员都应遵从项目集和项目团队，以实现最终目标。

假设组织不是项目导向型的，那么惯常的工作方式将会改变：

- 员工将项目作为临时分派的任务处理，但仍向职能部门报告。
- 新一代项目经理将从业务职能中逐渐分化出来。
- 将会经历许多其他的改变。

这些改变要求组织采用整合的项目方法，包括治理导向型的企业项目管理办公室（Enterprise Project Management Office, EPMO）等结构（有关更多信息参见第 1.6.2 节和第 1.6.3 节）。这些结构应使组织能够促进 OPM 的实施。采用 EPMO 的目的是确保项目组合举措与战略目标保持战略一致性。EPMO 提供治理、结构、流程和程序，以控制运营及绩效目标和收益管理的变更。

整合的领导力、管理和支持环境对于项目组合、项目集和项目的管理至关重要，其他运营和支持职能也是如此，如技术支持或客户服务。EPMO 应将其规划、执行和监督过程与组织运营部门的管理紧密结合。这将有助于确保项目集和项目活动与业务运营(包括组织资源的最佳利用)之间的适当平衡。

成功的组织在以下情况能实现战略目标：

- 项目组合、项目集和项目的管理实践与战略保持一致。
- 组织提供有见识的高管并在项目上使用积极活跃的高管发起人。
- 组织使用有效的方法管理变更，聘用合格的项目经理，并交付能实现战略目标的项目。

1.3.3 OPM 框架

OPM 框架支持项目管理和商业管理之间的平衡和协调，以支持组织战略（见图 1-2）。OPM 框架需要得到明确的支持，并在整个组织内进行适当的沟通，从而成为参与 OPM 实施的管理层和从业者的优先事项。

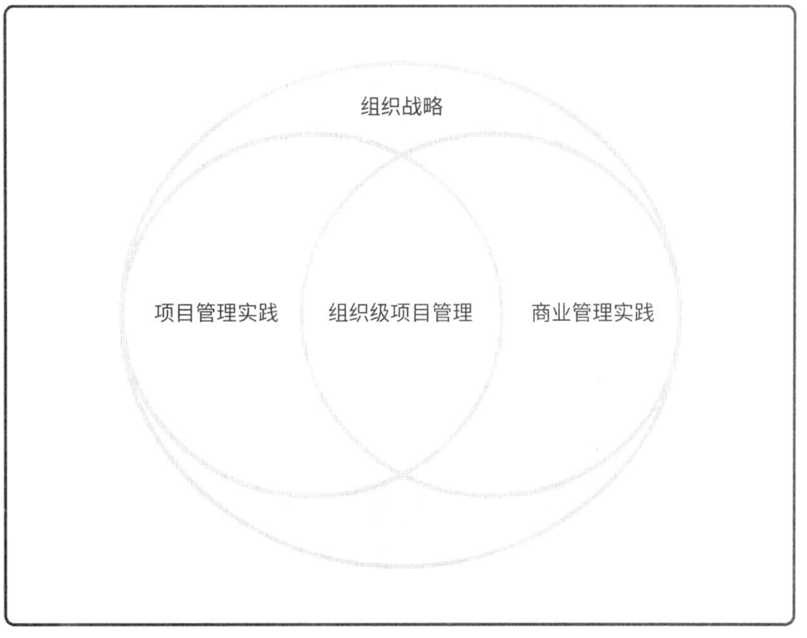

图 1-2 OPM 框架

OPM 框架为实施 OPM 提供了基础，从而帮助组织调整资源以实现其战略目标。了解项目组合、项目集和项目之间的关系对于了解 OPM 是非常重要的。项目组合是为实现战略目标而组合在一起管理的项目、项目集、子项目组合和运营工作的集合。项目集是指一组相互关联且被协调管理的项目、子项目集和项目集活动，以获得分别管理所无法获得的收益。在项目集内部或外部的单个项目仍被视为项目组合的一部分。虽然项目组合中的项目或项目集不一定是相互依赖或直接相关的，但它们通过组织的项目组合计划与组织的战略计划相关联。

图 1-3 显示了项目组合如何与组织战略相关联，项目组合、项目集和项目之间的关系，以及项目集与单个项目之间的关系。

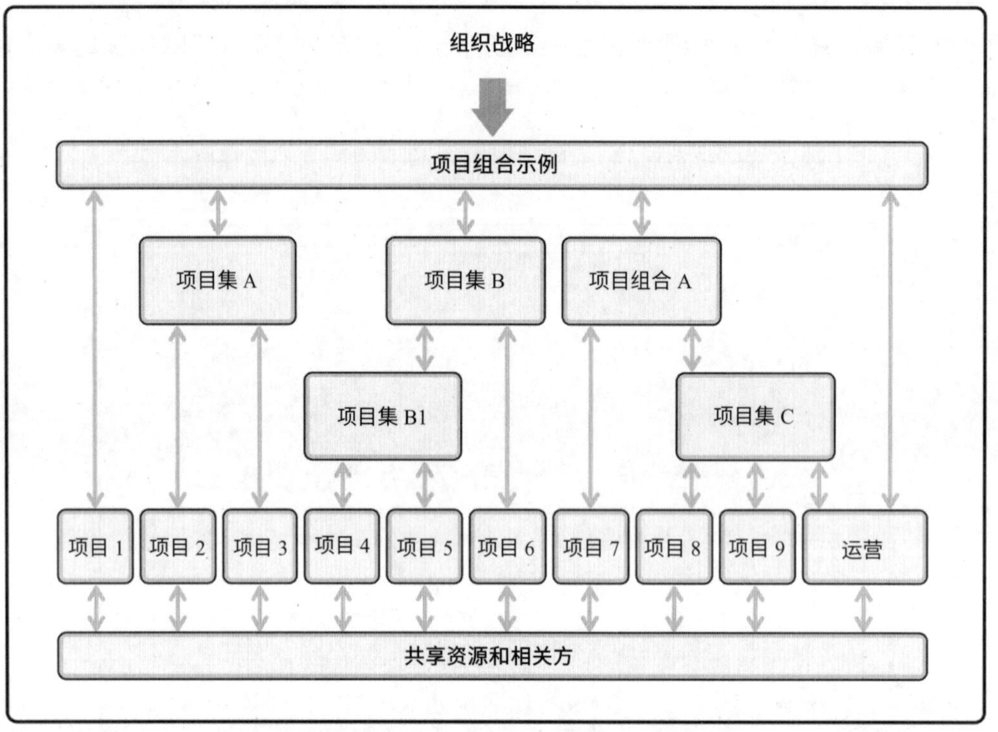

图 1-3　项目组合、项目集和项目管理之间的互动

OPM 作为组织规划的一部分，包括基于与组织战略计划相关的组件对项目集和项目进行优先级排序和选择。资源可用性、风险因素、业务线、预期收益、项目类型、资金、市场分析，以及短期和长期愿景的方向等标准对于项目组合的一致性至关重要，这些标准同时决定着项目集和项目未来能否成功。

OPM 的需求来源于增长的项目管理知识和实践。PMO 和 EPMO 的出现及最佳实践和标准的使用增强了对项目集和项目组合管理的理解。OPM 框架具有适应不同方法论和具体方法的灵活性。在传统的项目管理中，项目组合、项目集和项目的性质并不相同，因此，单一方法论可能不是最佳解决方案。建立一整套方法，从中为特定的项目组合、项目集或项目选择最佳的方法是非常重要的。

在组织的 OPM 框架内，通常需要使用不同的方法（方法论）来执行项目组合、项目集和项目，以便交付或实现预期的战略结果和收益。OPM 方法论应该：

- 鼓励选择方法并为选择适当的方法提供指导。
- 适应由内外部的威胁、新能力的获取、新政府法规及地缘政治变化等因素驱动的 OPM 框架的变化。

OPM 框架由治理、变更管理和流程管理等流程提供支持，它有助于定义项目组合及其需要如何演进以保持战略一致性。OPM 方法论定义了项目组合的执行方法。OPM 框架使组织能够管理和监督进展，以便项目集和项目产生预期的收益。

1.3.4 OPM 的组织收益

OPM 促进商业目标及项目组合、项目集和项目管理实践的有效整合，以有效实施产生商业价值的战略。同时也可能带来其他潜在收益，如图 1-4 所示。

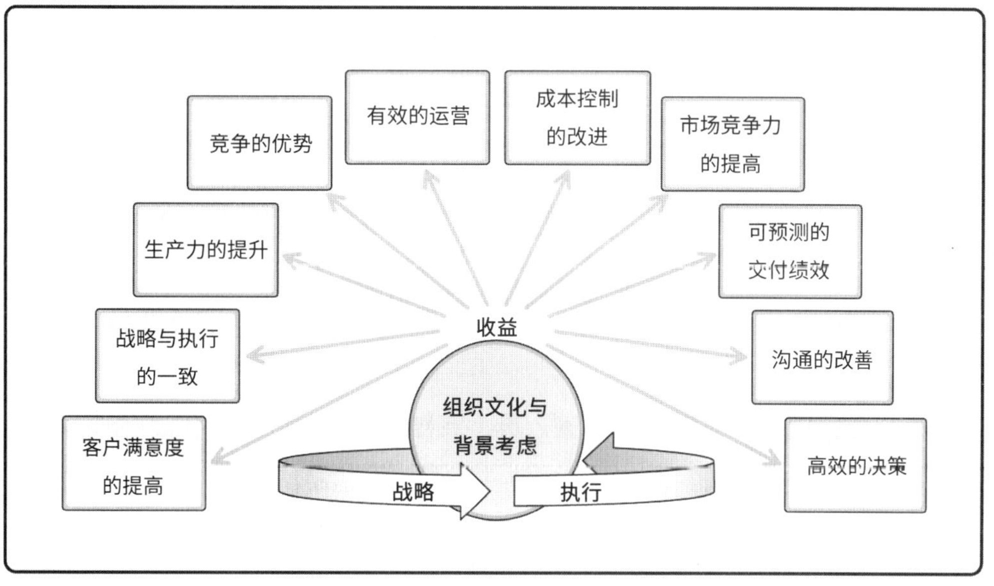

图 1-4 OPM 对组织的潜在收益

收益通常是逐步增加的。高管层应通过投资 OPM 实践来考虑和规划预期收益的选择、进展和实现，以便交付更好的商业成果和可持续的长期商业价值。在经济衰退期间，这种投资变得更加重要，因为遵守项目管理方法和策略可以降低风险，减少成本并提高成功率，这对经济危机中的生存至关重要。

OPM 整合者和组织变革团队将以实现和维持收益的方式整合和协调运营（参见第 5.3.5 节）。

1.4 如何使用本标准

图 1-5 反映了使用本标准的高层级输入和成果。本标准旨在帮助管理人员开发或改进 OPM 框架，该框架将组织的商业模型、事业环境因素（Enterprise Environmental Factors，EEF）、组织过程资产（Organizational Process Assets, OPA）与普遍接受的项目组合、项目集和项目管理标准相整合。

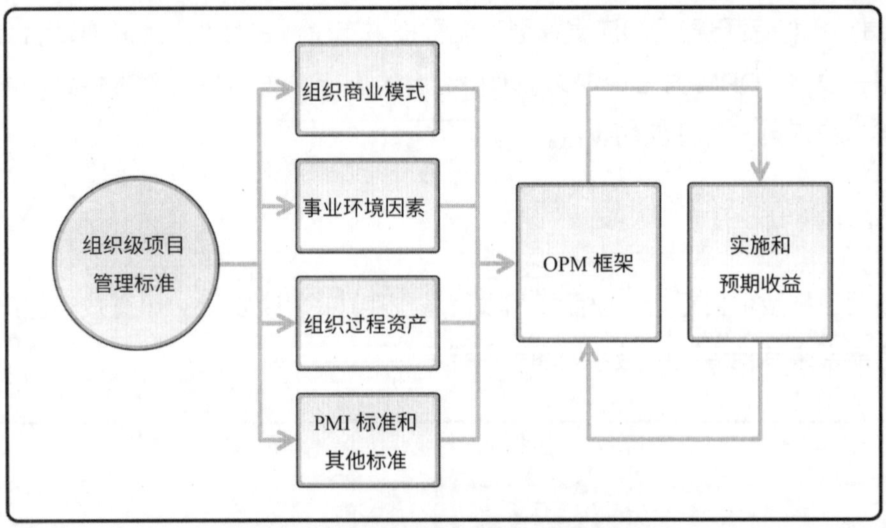

图 1-5　使用本标准的通用流程和预期结果

PMI 标准旨在为项目管理的标准和/或最佳实践的应用提供信息和指导。本标准的主要目的包括：

- ◆ 提供与 OPM 成熟度模型一致的指南，可用于确定组织当前状态与所需未来状态之间的能力差距。
- ◆ 将能力定义为使组织能够交付 OPM 的人员、流程和技术的集合。
- ◆ 为组织提供指导，以根据市场或部门要求开发基于知识的能力。
- ◆ 为组织提供有效地朝着战略方向前进所需的最低能力。

1.5　项目组合、项目集和项目管理与 OPM 的关系

为了理解它们与 OPM 的关系，了解项目组合、项目集和项目管理，以及这些学科之间的异同非常重要。

项目组合、项目集和项目管理与组织战略保持一致或受其驱动。然而项目组合、项目集和项目管理也在不同层面互动，以实现战略目的和目标：

- ◆ **项目组合管理**。项目组合管理通过选择适当的项目集或项目，确定工作的优先级并提供所需的资源来与组织战略保持一致。
- ◆ **项目集管理**。项目集管理协调其项目集和项目组件，控制相互依赖关系，并管理转型变革，以实现特定收益。
- ◆ **项目管理**。项目管理制订并实施计划，以实现特定的范围，该范围由其所属的项目组合或项

目集的目标驱动，最终用来实现组织战略。

◆ OPM。OPM 通过将项目组合、项目集和项目管理的原则和实践与组织驱动因素（如结构、文化、技术和人力资源实践）连接起来，以提升组织能力，从而支持战略目标。组织测量其能力，然后计划并实施改进，以系统地实现适合其变革意愿及其期望的未来状态的最佳实践。

有关这些术语的定义，请参阅本标准末尾的术语表。

表 1-2 显示了组织内项目组合、项目集和项目在多个方面的观点比较。

表 1-2　项目组合、项目集和项目管理的比较概述

组织级项目管理			
	项　目	**项 目 集**	**项目组合**
定义	项目是为创造独特的产品、服务或成果而进行的临时性工作	项目集是一组相互关联且被协调管理的项目、子项目集和项目集活动，以便获取分别管理所无法获得的收益	项目组合是为实现战略目标而组合在一起管理的项目、项目集、子项目组合和运营工作的集合
范围	项目具有明确的目标，范围在整个项目生命周期中是渐进明细的	项目集的范围包较其项目集组件的范围。项目集通过确保各项目集组件的输出和成果协调互补，为组织带来收益	项目组合的组织范围随着组织战略目标的变化而变化
变更	项日经理对变更和实施过程做出预期，实现对变更的管理和控制	项目集的管理方法是，随着项目集各组件成果和/或输出的交付，在必要时接受和适应变更，优化收益实现	项目组合经理持续监督更广泛的内外部环境的变更
规划	在整个项目生命周期中，项目经理渐进明细高层级信息，将其转化为详细的计划	项目集的管理利用高层级计划，跟踪项目集组件的依赖关系和进展。项目集计划也用于在组件层级指导规划	项目组合经理建立并维持与总体项目组和有关的必要过程和沟通
管理	项目经理为实现项目目标而管理项目团队	项目集由项目集经理管理，其通过协调项目集组件的活动，确保项目集收益按预期实现	项目组合经理可管理或协调项目组合管理人员或对总体项目组合负有报告职责的项目集和项目人员
监督	项目经理监控项目开展中生产产品、提供服务或成果的工作	项目集经理监督项目集组件的进展，确保整体目标、进度计划、预算和项目集收益的实现	项目组合经理监督战略变化、总体资源分配、绩效成果和项目组合风险
成功	成功通过产品和项目的质量、时间表、预算的依从性及客户满意度水平进行衡量	项目集的成功通过项目集向组织交付预期收益的能力，以及项目交付收益的效率和效果进行衡量	成功通过项目组合的总体投资绩效和实现的收益来进行衡量

实施 OPM 的组织可以通过采用公认的实践来改进其流程，以实现项目组合、项目集和项目的成功且前后一致，以支持战略目标。

1.6 组织战略

OPM 在组织的愿景和使命与正在进行的项目组合、项目集和项目之间搭建了桥梁，通过协调、一致性和实施来实现组织的战略目标。

了解组织战略是 OPM 实施过程中作为基础的初始步骤之一。获得组织战略的知识为了解组织想要去哪里及如何实现目标打下了基础。

组织的一个共同目标是前后一致地实现预期的战略目标和收益。将业务部门的运营与整个组织的更大任务目标保持一致的挑战是实施项目管理框架、流程和实践背后的驱动力。

OPM 允许将项目管理实践纳入业务和运营流程中，成为组织结构内业务部门的一个职能。

通过持续地完成那些产生预期收益的举措来实现战略目标是许多组织的目的之一。许多组织发现业务单元很难与公司/商业举措和目标保持一致，以及与组织的理念和使命保持一致。这是影响组织在整个组织范围内实施和调整项目管理实践和流程的驱动力之一。面临的挑战是如何将项目管理纳入业务运营中，以及如何将项目管理作为业务职能和文化整合到组织结构中。

项目是业务不可或缺的一部分，因为它们有助于实现战略目标，并提高客户和相关方的满意度。战略一致性有助于组织正确地实施项目管理原则、流程和实践。这可能对组织的市场进入时间、成本、质量及客户对于该组织作为世界级领导者的认可产生重大影响。

高管层和业务单元负责人需要意识到管理战略一致性的项目对实现组织战略具有重大影响。他们成功地管理项目的能力取决于特定的项目管理过程、知识、技能、工具和技术的适当应用。因此，在整个组织层面建立项目管理实践的所有权和管理是有意义的。

1.6.1 OPM 成熟度模型

在帮助实现战略目标的项目管理中，OPM 成熟度模型通常被用作工具，用来测量组织采用和前后一致地实施所推荐实践。推荐实践是一种被认为有效的活动，为实施该活动的组织交付价值，并有利于 OPM 的成熟。推荐实践的共同来源是全球标准和组织经验教训。

采用推荐实践只是过程成熟的第一步。如果不确保能持续改进这些过程，进一步开发这些过程可能导致过程不适合其应用，不能被前后一致地遵循，或者无法按预期交付价值。有关成熟度模型的进一步讨论，参见第 5.5 节。

1.6.2 PMO 和 OPM

项目集和项目管理办公室是使项目集和与项目相关的治理过程标准化，并促进资源、方法、工具和技术共享的管理部门。PMO 是一个负责多种职责的组织机构，其职责与集中和协调管理其职权范围内的项目集和项目相关。在 OPM 实施期间，PMO 确保项目组合、项目集和项目战略一致性的正确，并在公司测量系统（如平衡计分卡）中反映结果。

PMO 可以被授权作为高管相关方和关键决策者，根据组织战略的变化提出终止项目的建议，或者根据需要采取其他行动，使项目集和项目与商业目标保持一致。此外，PMO 可能参与共享或专用项目资源的选择、管理和部署。PMO 的主要职能可能包括但不限于：

- 直接向高管报告，独立于组织其他职能部门。
- 通过教练、指导、培训和监督，将项目管理实践的应用与业务实践相结合。
- 协调项目组合管理活动，确保组织战略与项目集和项目保持一致。
- 协调各项目集和项目的沟通。
- 制定和管理项目政策、程序、模板和其他项目文档（组织过程资产）。
- 识别和开发项目管理方法论、推荐实践和标准。
- 管理 PMO 管辖的所有项目的共享资源。
- 通过项目审计监督项目管理标准、政策、程序和模板的遵守情况。
- 争取项目组合、项目集和项目管理团体，确保他们参与到 OPM 框架的持续改进。
- 为管理变更和跟踪风险与问题提供集中化支持。

1.6.3 企业项目管理办公室

企业/组织项目管理办公室是组织中最高层级的 PMO。这种 PMO 通常负责：(a) 使项目集和项目工作与组织战略保持一致；(b) 建立和确保适当的企业治理；(c) 执行项目组合管理职能，以确保战略一致性和收益实现。EPMO 可以在企业层级上应用治理，并可以纳入战略开发和战略规划支持。EPMO 可能对其他较低层级的 PMO 负有直接责任或影响。EPMO 还可以负责支持数据管理、治理和汇报的协调，以及支持项目或项目集团队的行政管理活动。管理多个相关方并确保持续沟通是 EPMO 额外的、重要的角色。

1.7 OPM 相关方

项目的一个主要成功因素是从一开始就识别相关方和争取相关方参与。相关方是可能影响项目组合、项目集或项目的决策、活动或成果，或者受其影响或自认为受其影响的个人、群体或组织。许多相关方提供有价值的输入并在项目集或项目的成功中发挥关键作用。他们也可能倾向于根据其预先所认为的收益或威胁对项目目标的实现产生积极或消极的影响。因此，必须通过包括其地位、影响层级、财务支持和权力来源来识别关键相关方。相关方可以是组织内部的或外部的。在组织内部，内部相关方可以属于组织层级体系的任何层级。

OPM 举措的关键相关方包括但不限于以下：

- **高管**。与 PMO 和项目管理团队共享战略的组织高管，使整体商业战略在项目组合层面保持一致，以成功实施 OPM。
- **OPM 治理委员会**。负责确保实现 OPM 目标，指导 OPM 组织，做出重要决策，以及为解决风险和问题提供支持的群体。
- **OPM 发起人**。为 OPM 举措提供资源和支持的个人或群体，并对其整体的成功负责。
- **OPM 客户**。促进使用新的 OPM 能力并支投资持该能力交付的个人或组织，例如，项目集和项目发起人或业务单元经理。
- **OPM 从业者**。在 OPM 评估和实施过程中作为主题专家的个人。他们与组织合作评估项目管理能力，并制订实施计划，该计划重点关注组织应使用的基于优先级、可实现性、收益和成本的实践。
- **执行组织**。正在执行工作的群体。
- **PMO/EPMO**。被分派了与战略一致性、集中化和协调管理项目组合、项目集和项目相关的各种职责的组织机构。
- **项目组合/项目集/项目经理**。负责管理项目组合、项目集和项目的个人。他们负责推动向新的未来状态的变革及其运营的采用，以实现与战略目标相关的预期组织收益。
- **供应商**。为组织提供商品和服务的个人或组织。
- **受益人**。受益于使用新能力的个人或组织。
- **监管和法律机构**。影响项目的地方、国家或地区当局的法律规范。
- **竞争者**。可以从本组织中带走商业或经济业务的组织。
- **潜在客户**。可能成为组织产品和/或服务购买者的个人或组织。

第 2 章

基本概念

2.1 引论

本章构建了组织项目管理举措的（商业）论证，其可成为 OPM 领导和高管层的资源。它描述了 OPM 的概念，以及成功的 OPM 举措所需的内容。

2.2 投资 OPM 与增加价值

组织会基于其面临的重大问题在项目管理的多个方面做投资。这些重大问题引发了关于项目管理和小型战术投资的对话，以避免发生下一个重大问题或显示上一个重大问题的改进。这些战术投资包括以下事项：

- 临时增加资源。
- 项目管理培训。
- 工具的使用。

虽然这些战术性解决方案的每个都能带来一定程度的改进，并且可能产生一些短期的增量式改进，但大多数时候这些解决方案并未解决组织面临的实际问题。处于危机中的组织可能面临市场份额、销售或并购的损失，以及政府的威胁或制裁。这些战术性的补救措施支持单个项目的成功，而非实现交付组织战略项目的成功。投资 OPM 的组织可以抢占先机，解决实际问题，以直接支持组织而不仅仅是项目。OPM 建立了一个动态的组织用来有效地应对变革，一个项目本质上也是对管理的一次变革。

对组织级项目管理的投资需要仔细考虑组织的战略目标和商业驱动因素：

- 寻求运营效率战略的组织应该控制项目的预算和产生的价值。

- 遵循客户亲密关系战略的组织应该提高营销团队和交付团队之间的一致性。
- 遵循产品创新战略的组织应关注产品上市时间、创新、创造力和人力资源。
- 寻求经济增长的组织应与价值实现紧密联系，包括增长、提高声誉、市场份额和客户维系。

OPM 将投资方法从被动反应的方式转变为旨在为组织创造价值的主动方式。这一事项的变革管理过程具有重大意义。然而转向这种投资方法的组织意识到主动与战略保持一致的好处，并且与使用战术或危机驱动的投资方法的组织相比，这种方法能更好地执行战略。

2.3 商业价值

PMI 将商业价值定义为从商业活动中获得的可量化的净收益。收益可能是有形的、无形的，或兼而有之。在商业分析之后，组织通过有效地利用其商业模式来创造价值。有些组织通过运营交付价值，其他组织则是通过项目交付价值。通过有效地利用项目组合、项目集和项目管理，组织有能力提高创造价值的潜力，并在某些情况下直接提高价值创造本身的效果和效率。这是通过采用可靠的、已建立的 OPM 流程来实现战略目标，并充分利用假定的商业模式的潜力来实现的。无论组织是政府机构还是非营利组织或营利组织，所有组织都致力于通过其活动获取商业价值。

商业价值的实现始于全面的战略规划和管理。组织战略通过组织的愿景和使命来表达，包括市场定位、竞争和其他环境因素。除了成功的绩效指标，有效的组织战略还为发展和增长提供了明确的方向。项目组合、项目集和项目管理技术对于解决组织战略与商业价值实现之间的差距至关重要。

组织可以通过加强结构、文化、技术和人力资源实践等组织驱动因素，进一步促进项目组合、项目集和项目管理这些活动之间的一致性。通过不断整合和优化项目组合，执行商业影响分析及开发强健的组织驱动因素，组织可以实现成功的过渡。

2.4 OPM 商业论证

商业论证是建立 OPM 框架的必要组件。为了获得对 OPM 实施的支持，首席执行官及其领导团队，以及主要相关方需要详细说明为什么需要 OPM 框架及它将阻止或解决哪些业务问题。此外，商业论证应包括对 OPM 框架特征的描述，其中可能有许多变量（有关更多信息，参见第 5 章）。一旦了解了业务的需求和挑战，就可以定义 OPM 的特征。为了支持该定义，其他事实和数据有助于强调为什么需要 OPM 来实现组织战略。此分析还应验证组织内项目集、项目和其他业务运营当前的相互影响。

与组织的任何变更一样，了解当前状态对于商业论证的支持是至关重要的。高管应设法了解当前如何交付项目集和项目，以及可通过 OPM 解决的相关问题或差距。这进一步强化了变革和如何通过 OPM 提升项目组合、项目集、项目的交付和收益来实现组织战略目标的商业论证。

OPM 商业论证的其余组件是关键绩效指标（Key Performance Indicator, KPI）的定义。典型的 KPI 包括比较当前状态与未来状态，已完成的工作质量及项目的整体管理（包括发起人参与）的测量和度量指标。

2.4.1　OPM 发起人

明确表达的期望是确保建立发起人和定义组织高管层所需的明确期望和行为的关键。成功实施 OPM 需要发起人。最高效的组织认可他们对于项目组合、项目集和项目管理的需要，并将其用于所做的每件与成功地执行组织战略的事情上。这就是为什么这些组织在业务运营结构中还建立具有适当管理权限、支持、资源和工具的 OPM。高管层必须了解 OPM 及其对他们自身实现组织战略目标能力的直接影响。高管层应该清楚地向整个组织传达他们对 OPM 的认同，并积极支持 OPM。

为了创建一个拥抱项目管理并提高 OPM 为组织带来商业价值的文化，OPM 需要一个具有明确方向、治理和支持的完整框架。项目组合、项目集或项目团队应有足够的资金，配备熟练的人员并有权与高管接近。对发起人的这些期望需要成为商业论证的一部分，具体而言，高管要求的关键决策需要成为商业论证的一部分。

2.4.2　价值主张

建立 OPM 的行为本身并不会提高实施组织战略的有效性。关键因素是如何执行和维持 OPM，以及优先考虑改进哪些领域。这决定了组织在交付项目集和项目方面的成功程度。当项目集及其支持的项目实现的收益用恰当的测量方法记录成文件时，OPM 才有更大的影响力并最为有效。这包括诸如规划变更、测量收益及规划改进交付结果等活动。组织和发起机构必须在成本和绩效改进方面有明确的业务目标，以实施 OPM（或加强其作用，若其已经存在）。

2.4.3　收益维持

收益维持的目的是确保最初的收益已经移交到适当的实体或后续项目集中，以对移交后的工作进行领导。当最初的 OPM 项目集结束时，维持由项目集交付的收益的责任可能转移到另一个组织。收益是通过运营、维护、新项目和/或项目集，或其他工作来维持的。应在项目集收尾之前制订收益维持计划和建立管理活动，以识别风险、过程、测量、度量指标和所需的工具，确保持续地实现收益交付。

发起人、项目集经理和其他相关方应在初始项目集执行期间规划持续的项目集收益维持。确保收益维持的实际工作通常在初始项目集收尾之后进行，这超出了单个组件项目的范围。虽然接收人（个人、组织或受益群体）在项目集结束后才执行工作，但项目集经理负责在项目集执行期间规划移交后的活动。

PMO 或类似组织是 OPM 实施收益维持的典型关键成功因素。这种结构与 OPM 和组织的治理紧密地绑定在一起。

2.4.4 OPM 商业论证的要素

事实和数据（包括历史事件和未来趋势预测）是商业论证的关键要素。内、外部数据都用于支持 OPM 实施的商业论证。

内部的成功故事有助于为实施 OPM 创建商业论证。这些故事强调了项目组合、项目集和项目管理在组织成功执行其战略中的重要性。

对低效率和/或过去失败的经验教训的分析也可以建设性地用于构建 OPM 的商业论证。必须将低效率和/或过去失败的经验教训变成具体的论据。示例包括：(a) 项目资源翻倍的成本（例如，软件许可证、未充分利用的设备或专家）；(b) 关键运营中的重复错误或干扰；(c) 项目执行不力造成的处罚或保证成本；(d) 对外咨询组织已经拥有经验的领域。减少这些负面情况通常会为 OPM 的投资带来明显的回报。

在商业论证中，重要的是强调一个业务领域的结果可以转移给其他领域。商业论证还应强调最近完成的项目集和项目对组织战略的支持程度。在商业论证中分享这些发现时，其他高管也希望在他们的业务线中获得这些结果。这是实施 OPM 对组织为何至关重要的关键部分。

此外，还有可获得的外部数据点用于支持构建 OPM 的商业论证。PMI 和其他组织有数据显示标准化的方法论、实践、流程和实现收益的投资回报率（Return on Investment，ROI）。利用外部数据也加强了建立中的 OPM 的论证。

2.4.5 为商业论证建立基准

作为商业论证的一部分，建立当前项目管理成熟度的基准可帮助高管对组织的成熟度状态进行可视化。基准评估允许组织中的每个领域了解其项目管理成熟度的当前状态，以便制订计划来解决流程、工具和行为方面的差距。附录 X3 包含一个简单的评估，它对于理解组织内任何可重复的项目管理实践是具有价值的。

第 3 章

OPM 框架介绍

3.1 引论

组织级项目管理框架描述了提供持续支持所需的要素。本章提供了对于框架中的方法论、知识管理和人才管理的核心要素的描述。为了通过加强 OPM 来支持组织战略的实现，相关的治理框架对于成功也是至关重要的。OPM 框架的关键要素（见图 3-1）如下：

- **OPM 方法论。**在 OPM 中使用的由实践、技术、程序和规则所构成的体系。
- **知识管理。**对经验、价值观和信仰、背景信息、直觉和见解的创建、共享和使用，以满足组织的需要。
- **人才管理。**组织在知识、绩效和个人能力方面保留和发展员工的方法，以提高交付满足相关方需求的成果的可能性。
- **OPM 治理。**OPM 活动的框架、功能和流程，以使项目组合、项目集和项目管理实践保持一致，以实现组织和战略目标。有关其他信息，请参阅《项目组合、项目集和项目治理实践指南》（*Governance of Portfolios, Programs, and Projects: A Practice Guide*）（本书中文版已由电子工业出版社有限公司出版。——编者注）[1]。*

有关每个主题的更多详细信息，参见第 4 章。

图 3-1 描述了 OPM 框架的关键要素，如 OPM 方法论、知识管理和人才管理，其中 OPM 治理确保其他三个要素与组织战略保持一致。OPM 方法论属于 OPM 治理的管辖范围，但在许多情况下，人才和知识管理的各个方面可能并不完全属于 OPM 治理的管辖范围。

* 括号里的数字表示本标准结尾的参考文献序号。

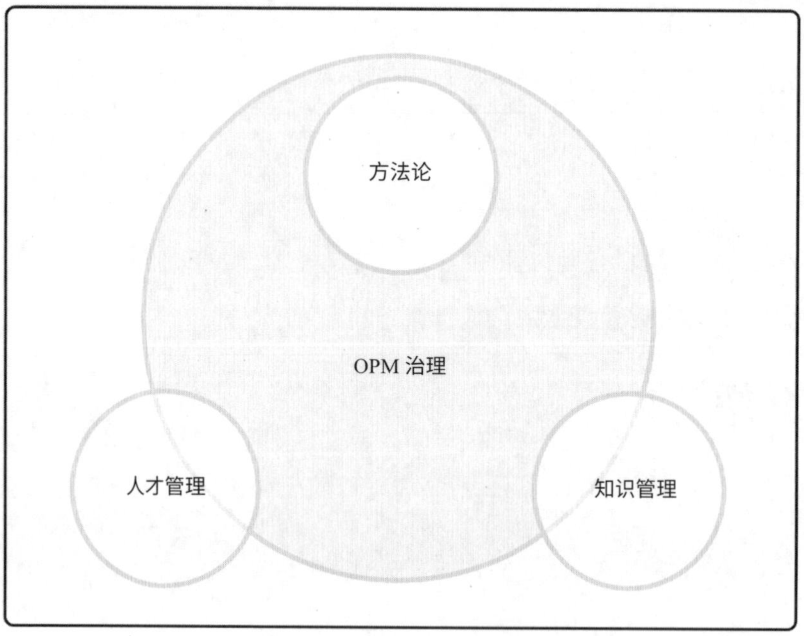

图 3-1　OPM 框架的关键要素

3.2　OPM 方法论

本节在对方法论和项目管理方法论的描述的基础上介绍 OPM 方法论，分述如下：

- **方法论。**由某一学科从业人员所使用的实践、技术、程序和规则所构成的体系。
- **项目管理方法论。**针对那些在项目管理学科从业人员的方法论。项目管理方法论旨在提供有关项目组合、项目集和项目管理的建议、方向和说明。
- **OPM 方法论。**适用于在特定组织内从事项目管理的工作人员的项目管理方法论。OPM 方法论旨在提供与特定组织背景、环境、动机和需要相关的项目组合、项目集和/或项目管理方面的建议、方向、知识和说明。

有关 OPM 方法论的更多详细信息，请参见第 4.2 节。

3.3　知识管理

知识管理是一个涉及组织对组织知识资产进行深思熟虑的、聚焦的和高效的处理，以便在文件编制、存储、资源和人员技能/能力方面生成、收集、组织和分析其知识的概念。知识管理应对组织所定义的 OPM 模式进行支撑，以便推动执行和交付与第 1.3.1 节中定义的 OPM 原则保持一致。此外，第 4.3 节提供了更详细的信息。

组织可能已经拥有专门用于内部知识管理工作的资源。这些资源通常是其组织战略和资源管理系统的一部分。

知识管理工作通常聚焦于组织目标，如绩效提升、创新、经验教训共享、整合和组织持续改进。这些努力可能与组织学习重叠，而知识管理更侧重于把知识作为战略资产管理，重点是鼓励知识（包括隐性知识）共享。知识管理的主要目标是促进组织学习。组织学习是创造、保留和转移新知识的方式，它纯粹基于应用知识的目的，并从过程和成果中加以学习。

知识管理的成果：

◆ 对如何创建一流的组织学习环境的理解。

◆ 对如何及为何学习某些东西的认识。

◆ 基于经验的学习。

◆ 举办的学习对组织有用的保证。

◆ 使关键的知识可以在合适的时间用合适的方式提供给合适的人的系统。

为了从这些成果中获益，知识管理应涵盖完整的知识生命周期，直到知识成功地被应用和使用，并令组织内的一些实际举措因此获得收益。有关知识管理生命周期的更多详细信息，参见第 4.3 节。

3.4 人才管理

对于采用 OPM 框架的任何组织而言，拥有有效的人才管理流程和支持性框架非常重要。PMI 指出“成功实施战略的核心是吸引、留住并充分利用项目管理人才的能力”[2]。这与第 1.3.1 节中定义的 OPM 原则保持一致，特别是执行和交付一致性，这依赖于有效的人才管理。

人才管理和发展不仅仅确保个人拥有必要的知识。高效的项目组合经理、项目集经理和项目经理坚持通过应用知识和个人行为来提升交付项目组合、项目集和项目的可能性以满足相关方的需求。

能力是指基于已经定义和接受的标准，以达到预期成果为目的，在项目组合、项目集和项目的环境下执行活动时所表现出的才能。将人才管理和项目管理结合起来对于支撑组织所定义的最佳交付模式非常重要。

项目组合经理、项目集经理和项目经理的能力包括三个不同的方面：

◆ **知识能力。**指项目组合经理、项目集经理或项目经理对于在项目组合、项目集或项目活动中应用的过程、工具和技术的了解。

- **绩效能力。**指项目组合经理、项目集经理或项目经理通过应用项目组合、项目集或项目管理知识来满足相关方需求的程度。
- **个人能力。**指项目组合经理、项目集经理或项目经理在项目组合、项目集或项目环境中执行活动时的行为方式。这包括他们的伦理道德、职业行为、态度和核心人格特征，以及如何在他们的领导风格中展示这些特征。

组织需要确保其项目组合、项目集和项目管理的能力根据组织所承担的项目集和项目的类型进行优化。这可能形成针对特定组织或行业的附加才能。这些可被视为对个人能力的补充。员工应该知道，在他们转到不同的项目组合、项目集和项目工作时，他们如何来规划自己在组织内部的职业生涯。

组织实施能力框架的一些主要好处包括但不限于：

- 活跃的项目组合、项目集和项目管理社区。
- 了解自己职业发展需求的个人。
- 项目组合经理、项目集经理和项目经理能够更好地定位自己，并因此可以为组织贡献最大化的价值和服务于商业需求。
- 组织能够更好地定位自己，不仅能够吸引最优秀的人才，而且能够留住人才。
- 个人根据其能力和发展的需要被任命和匹配最合适的机会。
- 根据与个人或组织绩效相关的可测量的能力来适当地奖励正确的人的能力。

还应参考 PMI 人才三角®和《PMI 职业脉搏调查®深度报告：人才管理》（*PMI's Pulse of the Profession® In-Depth Report:Talent Management*），该报告指出，能够增加成功的，不仅是项目技术管理，还有领导力及战略和商业管理技能[3]。在这些领域培养能力是影响项目经理绩效的显著因素。

有关人才管理的更多详细信息，参见第 4.4 节。

3.5 OPM 治理

OPM 治理是使项目组合、项目集和项目管理的实践与组织的战略和运营目标保持一致的框架、功能和指南。OPM 治理应该贯穿组织结构图进行纵向开发，贯穿项目进行横向开发，以在整个业务和项目中建立诚信与和谐。有关更多信息，参见第 4.5 节。

组织治理围绕整个组织，聚焦于根据边界设定战略方向、法规、信托和监管职能。OPM 治理是组织治理的一个子集，包括政策、程序和体系，贯穿高管对于保持项目组合、项目集和项目与组织战略和目标一致性的指导、定义、授权和支持。治理方法应旨在使基于项目的举措尽可能切实有效。作为高于一切的责任，为了使项目成功，组织应当调整其结构和任务。这在第 1.3.1 节中描述的组织战略一致性的 OPM 原则中有表述。

OPM 治理为确保项目组合、项目集和项目根据组织发布的方法论和标准构想和执行，从而遵循了规划、设计、执行和交付保持一致性的 OPM 原则。

OPM 在治理方面推崇采用裁剪的方法，应当考虑到组织的政治、文化、外部相关方、环境、法规和监管因素。基于这些影响和因素，可能需要不同的治理水平。对于 OPM 治理如何贯穿组织加以应用，以及由谁来应用，建立可视性也很重要。有关 OPM 治理的更多详细信息，参见第 4.5 节。

第 4 章

组织中 OPM 框架要素

4.1 引论

本章介绍组织级项目管理框架，包括裁剪 OPM 要素，如方法论、知识管理、人才管理和治理。

4.2 OPM 方法论

参考第 3.2 节，OPM 方法论是针对在特定组织内从事项目管理的人员的项目管理方法论。OPM 方法论旨在提供与特定组织背景、环境、动机和需要相关的项目组合、项目集和/或项目管理方面的建议、方向、知识和说明。

OPM 方法论可以进一步表征为一组相互关联的项目管理流程和实践。OPM 方法论旨在提高项目成功的可能性，并提高项目的效果和效率。组织用整合的方式来实施和使用 OPM 方法论，以获得单独使用工具、技术和方法所无法获得的成果、收益和控制。

OPM 方法论出来自所有部门、业务领域、地点和文化的组织建立、运营（裁剪和应用）、维护和增强，以使组织、组织的项目和组织的客户获得收益。OPM 方法论通常因如下理由被使用：

- 建立一种共同的项目工作方式。
- 为项目提供结构。
- 标准化项目并提供一致性。
- 提供共同的项目语言和词汇。
- 提高项目管理的质量。

- 传播最佳实践和经验教训（避免“重新发明车轮”）。
- 定义角色和职责。
- 促进团队和部门之间的有效协作。
- 从总体上增强 OPM。

组织可以出于与部门、行业、业务领域和/或组织本身有关的原因采用 OPM 方法论，包括但不限于：

- 评估和比较项目问题。
- 交换和共享项目员工。
- 维护声誉，支持销售和营销。

与典型的 OPM 收益相关的信息，请参阅第 1.3.4 节和第 5.4 节。

组织通过建立和整合被认为最有可能提供预期收益的项目组合、项目集和/或项目方法论的要素来开发和改进 OPM 方法论。OPM 方法论比由方法论要素构成的简单集合更加复杂。当那些要素被协同和相互关联时，OPM 方法论可以实现它们全部的潜力。组织在 OPM 方法论中使用的一些要素：

- 成本管理。
- 进度管理。
- 风险（威胁和机会）管理。
- 信息管理，包括沟通和报告。
- 项目人员入职和培训。
- 可选择的方法论要素（灯/标准/综合方法）。
- 相关方管理。
- 项目组合、项目集和项目生命周期管理。
- 范围管理。
- 问题管理。
- 质量管理。
- 需求管理。
- 采购管理。

◆ 资源管理。

◆ 配置管理。

◆ 收益管理。

◆ 变更管理。

对于特定的行业部门、业务领域和/或组织，组织还可以利用的要素，包括：

◆ 备选的项目组合、项目集和项目生命周期。

◆ 组织业务流程或连接方式。

◆ 组织产品流程或连接方式。

OPM 方法论比简单的项目管理工具、技术和方法集合更复杂。OPM 方法论只有在其内容被协调和相互关联时才能提供其全部潜力。组织在 OPM 方法论中使用的一些内容：

◆ 文档模板。

◆ 流程描述、文档、关系图和指南。

◆ 角色定义和描述。

◆ 项目最低需求和合规需求。

◆ 进度计划和时间管理材料及说明。

◆ 风险管理材料及说明。

◆ 成本和预算管理材料及说明。

◆ 资源能力计划。

◆ 推荐工具的说明（例如，计算机软件）。

◆ 项目组合仪表板管理。

◆ 绩效报告。

◆ 关口评审和健康检查。

◆ 可持续性指南。

◆ 监管标准。

◆ 变更管理、流程和工具。

对于特定的行业部门、业务领域和/或组织，组织还可以使用的内容包括：

- 销售和营销材料及说明。
- 健康、安全和环境材料。
- 相关方和客户的信息。
- 与法规监管相关的规范和法律。

4.2.1 建立 OPM 方法论

OPM 方法论可以通过多种不同方式建立，例如：

- 以公共领域素材为基础构建，如项目管理标准。
- 以商业素材为基础构建，如商业项目管理方法。
- 建立一种既不依赖于公共领域也不依赖于商业素材的方法论。
- 利用成功的项目经验中的素材。
- 以组织资产为基础构建。

建立 OPM 方法论的组织应该：

- 识别可能影响方法论开发和使用的组织背景、文化和环境。
- 了解使用方法论后所带来的预期成果。
- 识别组织内已经存在的（通常是非正式的）实践，这些实践有助于实现预期成果。
- 通过调整方法论中的要素使之提供可能的预期成果。
- 通过在方法论中填充不同的内容使之提供可能的预期成果。
- 为在特定项目环境下裁剪和应用该方法论提供指南。

基于公共领域或商业素材建立 OPM 方法论比为组织建立特定的方法论具有更多优点。其中一些优点：

- 标准/方法论原则、要素和内容由主题专家开发。
- 标准/方法论原则、要素和内容在国内和/或国际上得到承认。
- 标准/方法论原则、要素和内容会被定期更新。

尽管有这些优点，一些组织却更愿意在不依赖公共领域和/或商业素材的情况下建立 OPM 方法论。这些组织可能认为它们的项目如此独特，以至于标准方法论无法提供适当的结果。通过适当的裁剪和应用，大多数组织利用基于公共领域和/或商业素材建立的 OPM 方法论取得了良好的效果。

4.2.2 裁剪和应用 OPM 方法论

所有 OPM 方法论都需要裁剪，作为开发工作的一部分，方法论建立过程需要裁剪；作为持续工作的一部分，方法论维护过程也需要裁剪。裁剪开发工作还适用于 OPM 方法论增强过程，以更好地匹配组织背景、文化和环境，并更好地提供预期成果。

在初始建立 OPM 方法论时，裁剪可以确保：(a) 选择合适的基础来构建方法论；(b) 选择适当的方法论要素和内容以实现预期成果。如果不在初始建立 OPM 方法论时进行适当的裁剪，所应用的方法论可能对其提供预期结果的能力造成限制。

作为方法论维护过程的一部分，裁剪可确保方法论要素和内容得到维护和增强，从而使方法论不断地提供预期成果并适合组织背景和环境。如果没有适当的裁剪，会导致无论其执行情况如何，OPM 方法论可能无法长期地提供预期成果。

裁剪 OPM 方法论通常可确保与组织背景和环境保持一致。但是，裁剪很少能够提供完全符合特定项目需求的方法论。应允许项目组合、项目集和项目在各自的边界范围内，以最匹配项目特定需求的方式应用 OPM 方法论。应用 OPM 方法论可以包括诸如调整方法论特性（例如，工具、技术和工作方式）之类的活动，这些活动被认为适合特定目的。确定如何应用 OPM 方法论应该在项目的规划阶段进行。

4.3 知识管理

知识管理是一个涉及组织深思熟虑和专注于生成、收集、组织、分析和传播其在文档、资源和人员技能方面的知识的概念。知识管理涉及了基于环境提供信息的流程，以加强决策和采取行动的能力。重要的是，知识管理方法与定义的 OPM 模型保持一致，以根据第 1.3.1 节中定义的 OPM 原则提供执行和交付一致性。

4.3.1 OPM 的知识管理

OPM 是人员、知识和流程的整合，并由横跨组织各个职能领域的工具支持。OPM 支持人员、知识和流程之间的适当平衡，结合支持性工具，交付项目组合、项目集和项目管理工作。在 OPM 框架内，知识管理通常侧重于以下组织目标：

◆ 绩效改进。

◆ 创新。

◆ 经验教训分享。

◆ 记录最佳实践。

◆ 流程整合。

◆ 组织持续改进。

4.3.2 组织目标

知识管理的主要目标是使组织学习能够持续进行。组织学习可以增加理解并增加相关知识。组织学习从情境及其成果中获取知识。在组织级项目管理的背景下，组织学习的其他目标可包括以下内容：

◆ **绩效改进**。指的是对满足期望并实现预期价值的项目成果的交付。这包括人员、系统、流程和工具的绩效。

◆ **前进**。指的是创意的征求、孵化、优先级排序和项目执行，以支持组织向目的地和目标前进。

◆ **经验教训分享**。增强知识管理和组织项目管理的有效性，捕获经验教训，分析影响和采取变更，对于 OPM 能够提供的未来价值非常关键。

◆ **整合**。指的是将 OPM 知识管理的工作与整个组织知识管理的关注点相结合。它们需要在一定程度上保持一致以避免不遵从或矛盾。

◆ **组织持续改进**。知识管理应聚焦于持续改进，确保学习旅程的持续，以及知识管理的演进日益融入整个组织。

4.3.3 知识管理生命周期

为了获得第 4.3.2 节中概述的收益，知识管理应涵盖完整的知识管理生命周期（见图 4-1）。这个生命周期涵盖了知识从开始直到在组织中成功应用并使实际举措实现收益的那一刻为止。知识管理应关注三个方面。

◆ **文档**。这是用来支持增加 OPM 知识所需的文档。这可能是已存在或需要创建的文档。例如，当前文档、新文档、文档存储和文档更新。

◆ **资源**。这些是指在交付培训、创建支持性文档、进行更新及帮助指导用户的过程中需要获取知识时所需的资源。例如，包括培训师、文档创建者、文档更新所有者及用户指南的创建者。

◆ 个人学习。这是指个人增强确保组织级项目管理成功所必需的知识。例如，培训、工具、流程和测量改进。

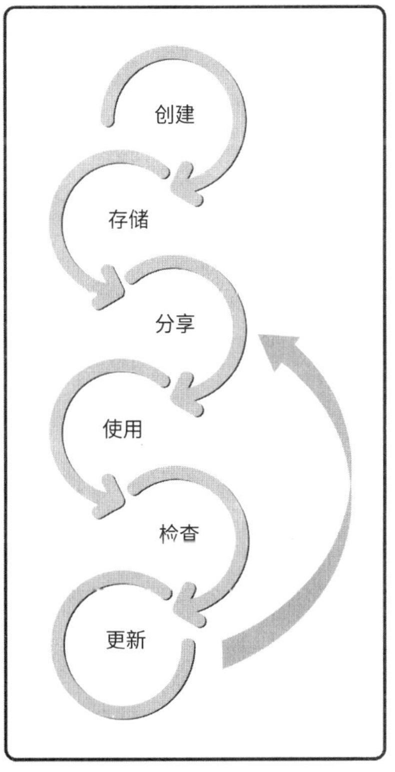

图 4-1　知识管理生命周期

4.3.3.1　创建知识内容

在建立用于支持 OPM 的知识管理时，建议进行评估，以确定可以利用的现有信息来识别已有信息与创建能力所需的信息之间的差距。知识创建对支持 OPM 为组织提供价值的移交和持续至关重要。

现有资产可能包括隐性和显性知识。这些知识来自已发生的项目组合、项目集和/或项目管理。如果没有明确记录，这些将作为隐性知识存在，需要将其作为知识创建的一部分提取出来，并用于知识管理生命周期的后续阶段。

4.3.3.2　存储知识内容

知识应该被有组织地存储在一个中央存储库中，并可以被适当的人容易访问。目标是以满足组织需求的方式组织信息，并指引用户获取信息的位置。

4.3.3.3　分享知识内容

知识分享是指在适当的时间、适当的模式和适当的频次下，为适当的人提供适当的知识。寻求特定知识的个人应该能够清楚地表达他们的需要。应该努力让个人知道知识的存在，并提供有关如何充分利用和应用知识的指导。

4.3.3.4 使用知识内容

知识管理的使用对于 OPM 的发展和知识创造的价值至关重要。重要的是指导员工如何利用知识管理资产，提供应用哪些知识的指导，以及与他人分享知识。

4.3.3.5 更新知识内容

应定期维护知识管理资产，以反映 OPM 模式和组织需求的演进。如果不维护知识管理的资产，由于员工会寻求其他的知识输入，会导致他们恢复从前的行为并且出现前后不一致的情况。通过持续的反馈对知识管理资产进行更新可以令组织的一致性更好。

此外，OPM 应清晰地沟通知识的差距，并在鼓励查询和建议的地方设立明确的期望，以便资产的创建或增强。相反，过时的资产应予以删除。

4.3.4 一流的学习环境

创建一流的学习环境是组织走向实现 OPM 收益之旅的基础。这种学习环境包括：

- ◆ 创建对信息和知识的需求。
- ◆ 易于访问和导航到所寻找的信息。
- ◆ 精心编写的程序和/或培训视频及其他材料和工具，可以加强学习过程，并可用作相关方的个人学习环境。
- ◆ 应用所学实践知识的机会和环境。
- ◆ 在专题社区中与参与主题专家的协作机会。
- ◆ 在应用知识方面的组织支持，可以强化学习的行为并鼓励持续学习的愿望。

4.3.5 测量知识管理的影响

测量应聚焦于商业结果。组织应识别可实际测量的度量指标，并选择最直接支持 OPM 战略的前三到前五项。测量当前状态绩效并重新评估以确定组织接受学习的过程和步伐是反映组织成熟度的一个有效度量指标。

4.4 人才管理

大多数组织都有评估和提供个人绩效反馈的流程。在许多组织中，这是由集中化的职能部门执行的。这个职能部门跟踪项目管理社区的职业化发展，可能与晋升评审和/或补偿评审流程相关联或不关联。组织通常使用此流程来确保它们吸引并留住合适的员工。

用来确认组织的评审流程与项目组合、项目集和项目经理的职业化发展保持一致，而不是相互冲突的保证是需要的。在寻求与组织评审周期和流程相关的绩效反馈时，这一点尤为重要。寻求和捕获的反馈应该是那些能够证实能力已经被应用的证据。

组织的晋升流程应当与已经定义的工作角色和工作级别的要求保持同步。任何现有流程都需要根据组织所需的相应职责、经验、知识、技能和教育进行考虑和修订。在授权晋升之前寻求可以证实能力的证据是个良好实践。可以在《项目经理能力发展框架》（*Project Manager Competency Development Framework*）[4]中找到支持这一点的更多细节。

在考虑如何在组织内实施项目管理的人才管理或能力框架时，应考虑以下因素：

- **当前和未来的需求。**组织需要了解和认识未来的人才需求及相关的能力。组织可以开发路线图以响应这些需求。
- **国家和政治因素。**这些包括工作委员会和当地法律或法规需求。
- **辅导和教练。**如果组织已经有了辅导和/或教练方法，则需要与项日管理要求保持一致。
- **培训和发展。**组织需要将项目组合、项目集和项目管理的培训和发展方法与其他学科已经就绪的培训和发展方法进行整合。基于角色的培训课程已被证明有助于指导个人进行最适当的培训，不仅可以满足他们当前的需求，还可以支持他们的职业抱负。
- **文化。**应考虑文化敏感性的重要性。
- **持续改进。**这对项目管理从业者社区的持续成长和发展至关重要。

4.4.1 评估（正式或自我评估）

为了了解个人的发展需求是什么，以及了解个人可以在教练和/或导师的角色中扮演什么角色，需要有一种评估方法。这可以是一种自我评估，即从那些与其共同工作或对其管理的人收集反馈的正式评估，也可以是由外部第三方执行的能力评估。许多组织使用 360 度评估，除经理外，还要从同行和团队成员那里寻求反馈。但是，应该注意的是，这种方法存在局限性，因为经验不足的团队成员或同行可能无法评论比他们更有经验的人的发展需求。

在使用第三方评估的地方，应由人力资源、组织的培训部门或能力发展部门适当且有效地引进。这可确保供应商清楚地了解组织的流程、人员、工作实践和资产。在开发和管理整个组织的评估过程时，这也确保了包容性和结构化的方法。应建立评估，以确保项目集和项目团队具备实施项目集或项目所需的必要技能，并满足长期能力需求。

4.4.2 能力发展计划

一旦反馈通过个人的自我评估或他人评估或整合了这两种方式获得收集，就必须识别出适当的发展活动并确保个人或组织将负责识别出的发展活动。

评估的结果应当被及时处理，因为评估中可能存在需要立即采取纠正措施的事项。此外，能力发展计划应优先考虑对个人和组织最为关键的领域。领域的优先顺序一旦被确定，就需要为计划制定可实现的时间线。

有多种方法可以满足个人的发展需求。这些可以包括体验式学习、正式学习和非正式学习。通常，能力发展计划将包括这些方法的组合。以下各节介绍了这些方法。

4.2.2.1 体验式学习

体验式学习是通过从做中学或通过实践来学习的行为，可以让每个项目组合、项目集或项目经理在工作中解决他们的很多发展需求。体验式学习包括：

- 辅导/教练。
- 点对点辅导。
- 角色扮演。
- 模拟/游戏化。
- 反思性实践。
- 在岗培训。
- 工作跟随。

4.2.2.2 正式学习

正式学习是一种结构化的教育方法，不论是通过传统的教师指导的课堂学习、基于书本的学习、基于网络的学习、技术平台、虚拟学习、经过同行评审的出版物，还是通过电子教育数据库学习。正式学习的例子包括：

- 课堂培训。
- 讲师主导的虚拟培训。
- 基于计算机的培训。
- 外部公共培训。
- 混合式学习（基于计算机和课堂学习的组合）。

4.4.2.3 非正式学习

非正式学习是传统的正式教育课程以外的一种自然方式的学习方法。以下是一些非正式的学习活动，可能有益于项目组合、项目集和项目经理的发展：

- 研讨会、会议、工作坊和论坛。
- 网络和视频会议。
- 面对面会议。
- 音频和软拷贝书籍。
- 硬拷贝书籍和经过同行评审的期刊和杂志。
- 播客。
- 博客。
- 在线论坛。
- 通过各种相关的特定领域的实践社区（在线或面对面）构建的人际网络。
- 专业、法定和监管机构的出版物。
- 项目管理社区和社交网络网站。

4.4.3 工作角色和说明

组织需要建立和维护自己的工作职能结构，与组织内的角色保持一致。例如，某些组织选择将项目经理角色划分为多个级别。这些可能分为级别 1、级别 2 和级别 3，其中级别 3 被认为是经验丰富的或资深项目经理。同样，这适用于项目组合和项目集经理。不同的级别和特定角色根据其管理的项目组合、项目集和项目的类型、大小和复杂性来判定。个人的级别可以根据经验结合评估和绩效反馈来判定。工作角色和描述还应包括如下明确的定义，但不限于：

- 在经理和下属之间的汇报关系。

- 职责授权。
- 对规则和程序所负的职责。

通常的做法是在完整的项目管理工作代码范围内为每个工作级别关联和排列一定数量的能力和正式资质证书。例如，可以要求项目经理在被分类为资深项目经理之前应具备项目管理专业人士（Project Management Professional, PMP）®认证，或者项目集经理需要项目集管理专业人士（Program Management Professional, PgMP）®认证和项目组合经理需要项目组合管理专业人士（Portfolio Management Professional, PfMP）®认证。培训或能力发展框架应基于组织交付其项目组合、项目集和项目所需的特定技能。

4.5 OPM 治理

在第 3.5 节中已经定义了 OPM 治理与 OPM 关键原则之间的一致性。治理包括组织的所有层级，可能超出业务条线。治理不局限于项目领导，还包括任何对项目组合、项目集和项目产生影响、起作用或参与的业务部门的代表。它为执行组织提供了领导的参与和支持。

OPM 治理使组织能够持续管理项目并最大化项目成果的价值。它提供了一个框架，使组织可以在其中做出满足业务需求和期望的决策。OPM 治理是通过审查和决策机构的行动来实现的，该机构负责在权限范围内签署或批准有关 OPM 要素的推荐。与组织治理相一致，OPM 治理实践促进整个组织遵守 OPM 政策。OPM 治理因组织的商业需要而产生差异。

OPM 治理是一个与高管治理机构（纵向和横向）保持一致的职能。它是制定项目组合、项目集和项目决策的管理框架。它是一个用于支配组织资产的有逻辑的、强健的且可重复的决策框架。

有效的 OPM 治理通过以下方式来支持组织的成功：

- 发起组织就监管、贡献、支持或协调项目组合、项目集和项目的方式形成明确和易于理解的协议。
- 描述个人在追求组织目标时的自主程度和责任。
- 确保项目组合、项目集和项目的目标与战略愿景、运营能力、资源承诺和组织能力保持一致，以执行项目并适应由此产生的变化。
- 创建一组强健的关键绩效指标，提供监督和审查组织绩效的能力，以支持合理的业务决策。
- 建立相应的决策委员会，确保通过举措所交付的结果与整体的收益实现保持一致。

通过审查和监督基于特定流程的关键绩效指标，组织实施的其他核心支持流程可以与治理相结合。通过使用治理流程对推荐和举措进行审查和接受，可以增强在例行评估审查中识别出的现行流程和方法论。

根据其定义方式，OPM 治理可能将指导委员会作为其结构的一部分来解决冲突，改变优先级和终止项目组合、项目集或项目。此外，OPM 治理可能加快那些举措中的新项目组合、项目集或项目，即使它们并未被考虑在某一特定周期的战略中。指导委员会的一个好处是，它的成员可以从不同的角度看待问题，发现冲突的原因并提供外部的理性声音。

治理不是“一刀切”。根据组织的不同，治理可能有不同的层次，这将在第 4.5.1 节进一步描述。高管治理层可能是 OPM 治理应遵循的模式，它由项目组合和项目集治理及项目治理所支持。应用的治理层级取决于项目组合、项目集或项目的规模、复杂性和关键程度（见图 4-2）。

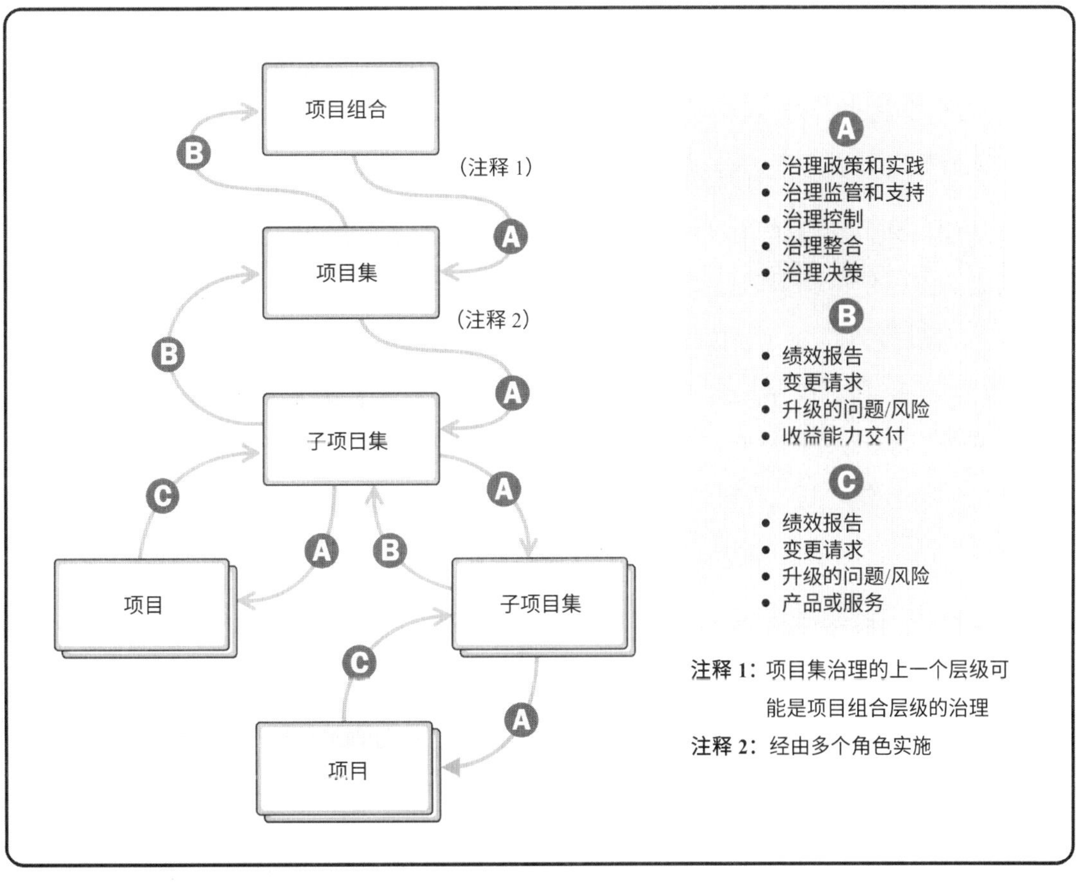

图 4-2　治理层次结构

OPM 治理评估了许多因素，包括但不限于以下列表中的领域：

◆ 对项目组合、项目集和项目的优先级排序。

- 项目组合、项目集或项目规模（例如，预算、持续时间、跨职能或职能内，以及团队规模）。
- 项目组合、项目集或项目风险概况（例如，风险数量、潜在影响、概率和风险状态）。
- 资源需求（包括资金需求）。
- 项目组合、项目集或项目的性质（例如，监管、战略、战术或运营）。
- 相互依赖的（例如，独立、跨职能或职能内）团队。

OPM 治理评估类似于使用项目组合管理价值评估，该评估可以测量收入增长、员工或客户满意度、增加的运营利润、增强的声誉或品牌。

4.5.1 治理实体

可以存在依赖于成熟度级别和组织结构类型的各种治理实体。这些实体可包括以下内容：

- **高管治理实体。**由高级管理人员组成，可能有董事会成员。它有责任与 OPM 治理机构建立开放的沟通渠道，以传达任何战略变化或项目组合、项目集和/或项目的优先级调整。在 OPM 方法无效时对其进行干涉是非常重要的，对于还处在学习曲线底部的组织来说更是如此。
- **OPM 治理实体。**负责确保 OPM 的基础架构（见图 3-1）始终与组织战略保持一致并且可以运转自如。这还包括确保所有关键角色（例如，项目组合经理、PMO）都配备了具备熟练技能的人员。它还监督项目组合过程的输出；审查项目组合、项目集和项目管理领域的审计结果；定期访问主要的 OPM 相关方（参见第 1.7 节），以测量他们的满意度，并收集有关战术和战略层面的改进建议。当 OPM 方法或无效的 OPM 基础架构使战略举措的实现面临风险或导致组织中出现不必要的低效率时，它也会进行干预。这对于那些还处于定义和采用 OPM 基础架构的过程的组织来说至关重要。在较小的组织中，该实体可能与高管治理实体是同一个实体。
- **项目组合和项目集治理实体。**遵循类似于 OPM 治理主体的模式。项目组合和项目集经理报告收益实现和需要注意的任何冲突。
- **项目管理治理实体。**从战略层面传递所有的变更，识别受其影响的项目可能需要重新考虑的预算、进度、风险、制约因素或其他因素。这个角色可以由 PMO 来执行 （如果有 PMO），或者由项目组合或项目集负责人来执行。

第 5 章

OPM 实施

5.1 引论

在本标准中，组织级项目管理的举措包括对现有 OPM 框架的新实施或改进。这些举措需要一个愿景及一致认可的战略和计划，以有效地实现这一愿景和组织转型的战略目标。高层管理者设定愿景时，期望通过 OPM 为组织增加价值，例如，扩大市场份额，改善服务交付，提高盈利能力或灵活应对组织环境的快速变化。项目集管理是提供 OPM 实施的推荐领域，因为：(a) 它提供了 OPM 所要求的组织变革复杂性管理所需的治理结构；(b) 它关注 OPM 成功所必需的收益实现（增加组织价值）。

本章聚焦于 OPM 实施举措的相关方面，以便更有效地使用本标准和《项目集管理标准》（*The Standard for Program Management*）[5]。这些标准合起来使用，有助于定义和规划 OPM 实施项目集，通过项目来提供所需的能力，通过移交和使用新的/改进的能力来改进 OPM 绩效结果，利用这些改进的结果来实现 OPM 的预期收益，以及最后通过移交后管理来维持组织转型。此外，《组织变革管理实践指南》（*Managing Change in Organizations: A Practice Guide*）[6]也是组织转型举措诸如 OPM 实施的有用参考。

5.2 定义 OPM 举措

与诸如《项目集管理标准》等标准中定义的项目集管理形式一起，以下几个关键要素构成了 OPM 实施举措的基础：

- 对变革的战略需要。
- 根据变革的成果确定愿景。
- 用于定义 OPM 绩效成果和监督愿景实现进展的关键绩效指标。
- 当前状态评估。

- 通过 OPM 实施项目工作来弥合已识别能力差距的行动。
- 目标运营模式的定义（组织的未来状态）。
- 建议的商业论证。
- 评估 OPM 改进潜力的可行性审查。

组织变革举措需要领导的重要承诺、资源和时间的投入，以及正在转型的组织的认同支持。组织转型举措可能具有破坏性，而规划它们需要广泛的资源和运营知识，以确保在发生变化时持续运营的稳定性。规划组织转型举措还需要时间和资源的投入，以及主题专家和其他相关方的参与。

OPM 举措可能是一项复杂的工作，因此，项目集定义应分两步进行：

- **第 1 步，项目集构建。**从高层视角来评估项目集愿景和商业论证的可行性。在项目集规划中，对 OPM 举措进行评估，以确定其是否具有可取的商业论证，以便了解其对组织的潜在影响，评估变革的准备情况，并为详细的 OPM 规划提供适当的资源和时间。
- **第 2 步，项目集准备。**制订一份详细计划，其中更详细的工作和商业论证被定义为执行的基准。OPM 实施项目集准备阶段的活动包括：
    - 建立 OPM 实施项目集组织，包括明确的角色和职责。
    - 建立 OPM 举措项目集治理。
    - 确定未来的状态能力要求。
    - 执行发掘和分析（例如，针对未来状态能力模型评估当前状态）。
    - 为该举措制订项目集管理计划。
    - 优先考虑并协调举措工作组件。
    - 制定 OPM 实施路线图。
    - 更新/完善 OPM 愿景和商业论证。
    - 进行 OPM 实施项目集审查。

筹备指导委员会（启动委员会）根据商业论证风险、环境因素及对正在进行的运营的影响，进行持续的进度审查，以评估 OPM 举措在其整个生命周期中的持续可行性。

第 5.3～5.10 节提供了执行定义 OPM 实施项目集所需的各种活动的建议。

5.3 定义角色和项目集组织

对 OPM 实施的需求可能是组织环境因素改变导致的，如组织变革（如重组、增长、兼并或收购）、战略方向的变化、竞争压力的增加、监管合规、公司政策或市场挑战。现有 OPM 框架的不足或早期尝试实施 OPM 而未能实现预期结果，或者有收益支撑证明的已经成功的转型，也可能出现这种需求。OPM 实施举措通常还涉及组织文化的重大转变，特别是在 OPM 实施初期的组织中。

相关方的参与是复杂的，当组织经历变革时，持续性运营应该不间断地持续进行。由于 OPM 举措具有变革性，因此有效地选择项目集治理、发起人和核心项目集团队是举措成功的重要因素。为了取得成功，除了选择具有能力和角色的项目集组织，在项目集领导人的选择时要考虑的最重要的特性是其管理组织变革的有效影响力、权威性和控制力。

对组织变革的规划、管理和实现应该与 OPM 的技术流程方面保持同样的高度。同时关注组织变革和 OPM 流程实施需要大量的相关方参与，以采用新的 OPM 流程和工具。在 OPM 举措治理模型中还需要一个积极的领导角色，来参与定义反映用户视角的要求，以便强化转型，采用新的工作方式，并确保可持续的收益实现。如果存在负责 OPM 绩效的组织实体，如项目/项目集管理办公室或组织卓越职能部门，则该部门或办公室可能是管理 OPM 实施项目集的合理选择。然而，PMO 通常并不是大多数转型的目标受众。实际使用新 OPM 功能的持续运营或维持原有业务的组织应在转型和收益实现阶段的规划、执行和所有权方面发挥积极的领导作用。这将在第 5.3.5 节中进一步讨论。OPM 实施项目集组织的一个例子如图 5-1 所示。

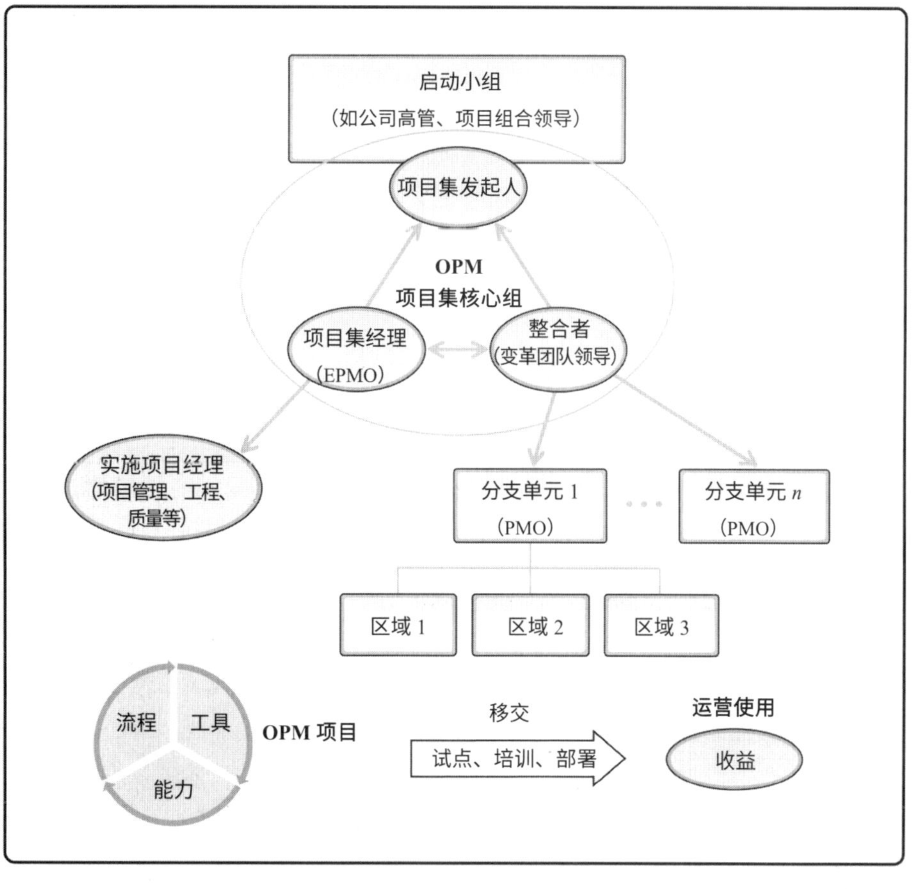

图 5-1　OPM 实施项目集组织、角色和关系的示例

5.3.1 OPM 启动委员会

通常，组织的高层领导（例如，公司高管或项目组合领导）负责启动委员会或者项目组合管理委员会工作。启动委员会创立项目集和项目以实现组织战略。为了保持 OPM 举措与组织战略的一致性，启动委员会的成员通常担任 OPM 实施项目集的发起人。

5.3.2 OPM 实施项目集发起人

OPM 实施项目集发起人为 OPM 实施项目集提供资源和领导方向，并对启动委员会的项目集成功负责。积极、敬业、引人注目的发起人至关重要。发起人应具备适当的组织权利、资源和影响力，以消除障碍并提供日常指导，以确保 OPM 实施的成功。由于项目集管理涉及新能力的交付和所需的移交活动，因此项目集经常遇到复杂的挑战，包括资源限制、技术挑战和变革阻力。例如，资源短缺可能限制组件项目交付的能力范围，这反过来又会限制计划收益的全面实现。此外，如果出现对变革的抵制，则可能不会采用或不会维持新的能力，这就降低了实施它们的价值。在这种情况下，发起人的角色既包括为启动委员会合理分配资源，也包括为正在进行组织变革的目标组织采用新的 OPM 能力施加影响。发起人还负责维持收益实现。

5.3.3 项目管理办公室

本书中提到的 PMO 一词通常是指一个组织实体（参见第 1.6.2 节和第 1.6.3 节），该组织实体负责 OPM 治理框架和绩效，以支持整个组织（例如，EPMO）或组织内的业务单元/职能部门的项目组合、项目集和/或项目管理职能。组织中的 PMO 可以是定义和维护与项目组合、项目集或项目管理相关的流程治理框架的实体，也可以是 OPM 治理的实施者或接受者，因为组织内可能存在多种类型的 PMO，其范围、权限、报告层次和职责各不相同。

根据组织需求、文化和架构，PMO 可以在公司（如 EPMO）、业务单元、部门或职能层级（例如，IT、研发或营销）等多个层面运营。根据组织的紧急需求，可能还有特定目的的 PMO。例如，可以专门成立临时 PMO 以支持企业资源计划（Enterprise Resource Planning, ERP）系统的实现。ERP 用于收集、存储、管理和解释来自许多业务活动（包括人力资源和财务流程）的数据。建立临时 PMO 强调了成立一个原来并不存在的结构化和正式的治理框架的需求。PMO 可以通过以下方式支持 OPM 实施：

- ◆ 对管理组织中项目组合、项目集和项目的流程和工具及 OPM 成熟度模型，提供指导和主题专业知识。
- ◆ 建立组织治理框架、层次结构及其关系。
- ◆ 监管项目组合、项目集和项目战略一致性，并促进关键的 OPM 决策（例如，优先级和资源分配）。

- 应用、使用和维护项目组合、项目集和项目管理标准和方法论。
- 建立项目管理信息系统（Project Management Information System, PMIS），收集、汇总、整合 OPM 信息并准备在线报告。
- 作为卓越中心，在 OPM 中收集和评估行业知识和实践，并以增加组织价值的方式加以实施。
- 监督 OPM 实施绩效，包括项目组合、项目集和项目绩效（实际与计划绩效）、收益和关键绩效指标。
- 支持法律、法规、环境和财务合规性审计。
- 监督政策和程序的合规性。
- 促进组织范围内的相关方参与并达成协议。
- 进行 OPM 实施项目集质量保证审查。

在许多情况下，PMO 会根据管理项目集的个人能力和熟悉 OPM 实践、流程和工具开发的程度，派人员来担任 OPM 实施项目集经理。

5.3.4 OPM 实施项目集经理

组织在选择实施项目集经理时，应考虑谁具有组织中最能有效地管理项目集的最佳水平。在一个具有扩展区域运营或分支部门的复杂组织中，如图 5-1 所示的集中式企业项目管理办公室可能任命项目集经理来领导 OPM 举措。项目集经理对项目集发起人负责，并负责 OPM 实施的规划、执行和整体管理。在图 5-1 中，组织变革发生在扩展单元中，本地或区域 PMO 及其从业者是受变革影响最大的组织要素。本地的 PMO 负责项目的日常执行，并将长期使用新能力来交付和维持组织收益。OPM 实施项目集核心团队中的整合者角色代表了组织的日常运营要素。在具有多个分支地点的复杂组织中，项目集经理可以与代表用户社区利益的组织变革负责人或整合者合作。第 5.3.5 节进一步描述了这个角色。

5.3.5 OPM 整合者与组织变革团队

实施 OPM 的项目集组织是临时的。组织长期采纳、移交和使用新的 OPM 基础架构对相关方的参与非常重要。要使任何转型都取得成功，运营或职能组织应采用新的工作方式，通过整合和协调运营，以实现和维持收益（增加和维持组织战略价值）。接受、移交和使用 OPM 能力及了解组织文化的职能领导者可以在开发新的 OPM 能力需求和验证 OPM 目标收益时提供指导。此外，这些相关方负责管理验收和移交，并在维持未来环境中产生预期收益。参与 OPM 实施项目集领导可以提高认同度和主人翁意识，这对于 OPM 举措的成功很有价值。组织效率和采纳 OPM 的一个重要方面是通过根据应用和使用的环境来裁剪 OPM 能力和治理来实现的。由于 OPM 还涉及与 PMO 之外的组织的其他职能部门（如采购、质量、合同管理、营销/销售、现场运营或工程）的合作，因此应考虑它们在组织变革团队中的代表性。在组织收益实现方面，这些职能的成功整合非常重要。

在如图 5-1 所示的大型复杂组织中，OPM 实施需要跨多个组织单元或区域进行，建议成立组织变革团队。该团队应由 OPM 整合者领导，并有来自组织持续运营的代表们参与，他们将实施和使用 OPM 框架。在此角色中，OPM 整合者负责变革领导并代表 OPM 能力的各个用户。在不太复杂的组织中，整合者角色可以是项目管理或职能线社区的直接代表，他们将成为 PMO 开发的新 OPM 能力的主要用户。

5.3.6 其他角色

根据举措的复杂性和范围，可以添加其他角色以支持 OPM 实施项目集。这些角色的参与程度可以从提供主题咨询到兼职附属义务到全职工作。例如，可能需要熟练地进行商业分析的个人，以支持对原有的和将来的组织形态的分析。从广义上讲，商业分析是为支持提供符合商业目标并为组织提供持续价值的解决方案而执行的一系列活动[请参阅《PMI 商业分析指南》（*The PMI Guide to Business Analysis*），第 9 页[7]]。这些技能既可以用于设计未来状态功能，也可以用来在 OPM 实施项目集中开发需求，这些需求用于制定项目章程和其他相关工作。鉴于 OPM 实施成果对支持组织战略的重要性，雇用一些在以下方面具有熟练技能的资源可能是有用的：（a）启发相关方的商业需求；（b）记录关键相关方的需要以支持 OPM 商业论证的开发；（c）分析当前和建议的未来组织状态；（d）与 OPM 实施团队的其他成员合作以支持实施的成功。

5.4 开发商业论证

OPM 实施的商业论证，因其与组织战略目标息息相关，可通过理解和量化它对 OPM 绩效的影响而制定。简言之，商业论证定义了项目交付或未按计划交付时对组织财务的影响。OPM 的商业论证源于两个要素：（a）实施或改进选定的 OPM 能力的成本，并将其转变为改进的组织成果；（b）这些成果改进后的结果所带来的收益。

应尽可能地通过财务量化的方式来确定收益。这使得能够确定可与 OPM 实施成本相比较的投资回报。对于不经常执行项目的组织，开发高成熟度 OPM 能力的投资可能大于从中获取的收益。例如，一个核心产品是服务交付并偶尔执行项目的组织可能发现，由于项目管理中的额外错误和低效率而产生的成本影响远远低于建立严格的 OPM 基础架构的成本。雇用其他人来管理项目或仅仅接受不合格错误的成本可能更有意义。但是，对于将项目集和项目作为获取市场、公共服务或提高组织绩效的关键推动因素的组织而言，OPM 组件绩效的不足可能对延迟交付或超出项目预算产生深远的战略影响。OPM 绩效不佳会影响组织价值实现的一些例子：

- 超出计划的项目通常会在成本和资源使用方面超出预算，从而降低项目利润率。
- 不良的需求开发可能导致大量的变更请求，这会增加成本，延迟交付，并可能影响项目产出的使用。
- 当资源无法用于计划的后续工作时，延期或计划不周的项目可能妨碍组织项目组合实现其战略目标（例如，当年的项目完成总数）。
- 项目集延期的能力或新产品交付会延迟收益的实现，并影响投资回报率和净现值，如错失市场机会窗口。
- 当项目交付可靠性至关重要时，项目延期可能对客户满意度评级产生不利影响，导致市场份额或未来销售的损失。
- 当项目受阻时，质量也会受到影响。在项目期间修复缺陷的返工会增加成本和时间延迟。项目交付后的保修索赔降低了客户满意度，影响了项目对供应商和客户的投资价值。这反过来又会影响市场份额或未来投资，或使组织面临法律诉讼。
- 与相关方的沟通和报告不当可能增加重大风险，例如，就糟糕的或相互冲突的需求、工作绩效管理及管理客户期望等方面而言。

从收益管理的角度来看，理解 OPM 能力、使用这些能力的预期成果及改进这些成果所带来的收益之间的关系非常重要。成果是执行能力的体现，并且是与 OPM 能力的实施相关的预期变化。这些成果是预期想要达到的，因为组织可以利用它们来实现收益。新流程的绩效应根据其预期成果的质量及执行该流程所需的额外工作和时间进行评估。这有助于充分了解新流程是否比以前提高了价值，或者仅仅增加管理工作量、时间和成本。例如，当新项目规划流程改进成果（例如，更可预测的计划交付、减少项目执行周期时间、减少错误或提高项目质量）时，它可能交付收益（例如，降低返工/回收成本、提高项目利润和改善项目组合绩效）。这些还可以提高相关方的满意度和品牌认知度，从而交付诸如提升销售、扩大市场份额或提高服务质量等收益。

在可能的情况下，还应评估和量化无形收益。可以通过调查来检测诸如提高员工满意度等结果，并且可以在员工保留、出勤率和生产率方面进行衡量。一个良好的工作场所往往能吸引最优秀的人才并留住他们。有关 OPM 绩效指标的进一步讨论，参见第 5.8 节。

受 OPM 绩效影响，并在商业论证中可以被认为是潜在的收益的领域示例：

- 客户满意度。
- 市场份额。
- 由于项目交付绩效（例如，产品上市时间对净现值的影响）对内部或客户项目集的影响。

- 品牌认知。
- 项目组合效应（例如，每年实施比计划更多的项目）。
- 项目利润率。
- 员工生产力。
- 员工满意度和保留率。
- 风险敞口。
- 竞争力排名。
- 市场对 OPM 绩效的期望。
- 组织规模扩大（例如，组织扩张）。
- 生命周期时间减少。
- 保修和负债成本降低（质量成本）。
- 通过缓解高需求期来提高效率。

随着 OPM 成熟度的提高，可以实现进一步的收益。建立已定义和可测量的流程可以实现流程优化方法，这些方法可以在组织中的其他项目集和项目中重复应用。例子包括改进流程周期时间或流程的价值贡献，以及减少工作程序延迟。

总之，为 OPM 改进的商业论证聚焦于消除浪费、可靠的计划交付，以及对项目组合和项目集层级的预期价值的影响。更高的 OPM 成熟度使组织能够更自信地参与挑战性的工作并适应变化。由于项目是一种投资，因此使用其结果带来的预期收益通常远远大于项目成本。OPM 绩效对项目投资回报的影响被视为 OPM 改进战略价值的一部分。

5.5 OPM 成熟度

OPM 成熟度是指组织以可预测、可控制和可靠的方式交付期望战略成果的能力水平。OPM 成熟度在三个方面影响 OPM 实施项目集：

- **未来状态**。包括定义 OPM 能力，以实现组织的战略目标，并量化项目集朝该状态的进展情况。
- **商业论证**。为建立和维持 OPM 成熟度目标水平，以及改善 OPM 结果和组织绩效的收益而提供成本。

- **项目集路线图。**定义组织 OPM 成熟度从当前状态到建立和维持未来状态的发展、演化路径，包括计划的任何中间阶段。

OPM 模型定义了 OPM 成熟度和评估工具的每个增量的具体需求，用于测量组织朝既定的成熟度目标的进展（参见第 5.6 节）。一些模型划分了组织成熟度的级别数值。例如，某示例包括成熟度级别 1～5，其中级别 1 表示组织具有很少或没有定义的 OPM 流程结构，级别 5 表示组织具有高度数据驱动的流程且具有高效的组织能力。其他模型关注 OPM 能力本身的成熟度（例如，标准化、可测量、可控制和持续改进）。在此示例中，可以为成熟度开发选择适合组织的 OPM 成熟度战略的特定能力。

以下列表提供了 OPM 成熟度级别特征的一般描述。尽管是针对项目的描述，但它们也可以应用于项目组合和项目集。每个级别的确切定义因 OPM 模型而异，在选择 OPM 模型时应考虑这种差异，以确定成熟度级别或阶段是否符合组织的转型策略和文化。

- **级别 1　初始或临时的。**项目绩效无法可靠预测。项目管理极不稳定，高度依赖执行工作的人员的经验和能力。项目虽已完成，但经常推迟，超出预算，质量也各异。存在的 OPM 流程是临时和混乱的。
- **级别 2　项目层级采用 OPM。**根据普遍接受的实践，在项目或职能层级上计划、执行、监督和控制项目。但是 OPM 流程和实践并非从组织角度统一应用或管理，并且可能因项目而异。比如，采购或设计工程等职能部门可能已制定了制度化流程来指导其部门的工作，但这些流程可能与项目运作不一致。
- **级别 3　组织定义的 OPM。**项目管理是主动的，组织项目绩效是可预测的。项目团队遵循组织建立的 OPM 流程，这些流程根据项目的复杂性和从业者的能力加以裁剪。OPM 流程在组织上是标准化的、可测量的、可控制的，并可由组织进行分析，以监控 OPM 流程绩效。
- **级别 4　量化管理的 OPM。**组织中的项目管理决策和流程管理是数据驱动的。OPM 流程绩效的管理方式能够实现量化改进目标。OPM 流程绩效经过了系统性分析，以提高为组织增加价值的改进机会（例如，在可接受的成本范围内提高收益）。
- **级别 5　OPM 优化。**组织稳定且专注于持续改进。OPM 与组织战略的一致性，以及定义好的和可测量的以价值贡献为关注点的 OPM 流程，促进了组织的敏捷和创新。在优化的组织中，已经建立了持续改进的实施，以及一系列测量和度量指标。项目集和项目的成功率很高，项目组合经过优化以确保商业价值。选择项目是因为它们对组织战略有积极影响。

为了确定所需的组织成熟度级别，推荐将组织的当前状态与行业标杆数据和相关方需求进行对照。OPM 成熟度的当前状态通常通过使用 OPM 模型中的 OPM 成熟度评估来确定。标杆数据可以从市场或行业调查或通过专业研究组织获得。

即使在任何给定模型中的最高成熟度水平都是一个显著的成就，但资源也不是无限的。组织通常需要关注稀缺资源来达到一定的成熟度水平，以便组织能保持领先于竞争对手，满足或超过市场和相关方的期望。此外，OPM 实施应考虑组织管理变革的能力。许多成熟度模型提供了测量给定能力或知识领域的成熟度水平的功能。组织可以采用这种裁剪的方法来微调特定的 OPM 能力，使其成果对收益目标和期望产生最大影响。

虽然 OPM 成熟度目标因行业和组织而异，但 OPM 实施的共同目标是在一定的范围内选择成熟度级别（前一个示例中的级别 3 或组织定义的 OPM），因为这通常代表了一个组织的 OPM 能力是标准化的、可裁剪的、可测量的和已长期实施的。级别 3 的组织以适当的严谨性应用 OPM，并且掌握组织项目绩效的“脉搏”。然后可以评估所收集的数据用来建立商业论证以改进未按预期交付成果的能力领域，或者优化能力以增强组织的竞争优势和内部资源的时间和精力。拥有一个既定的 OPM 治理框架且 OPM 绩效数据随时可用并持续审查，这就为组织在运营或市场环境发生变化时提高敏捷度奠定了基础。

确定成熟度目标后，可以咨询 OPM 模型，以评估具体实践实施的建议及流程治理、维护和所需的可控的基础架构。由于未来状态被定义成能够实现这些目标，因此执行项目组件和相关工作的资源成本包括了 OPM 实施商业论证的成本。然后将这些成本与组织从当前状态转型为实现 OPM 实施愿景（例如，交付计划或超出市场预期）能获取的预期收益进行比较。

5.6 定义 OPM 成熟度模型在举措中的角色

OPM 成熟度模型通常被当作工具来衡量组织采纳和实施项目管理中最佳实践的程度。《项目管理知识体系指南》（*A Guide to the Project Management Body of Knowledge*）（第 6 版）[8]将最佳实践定义为目前在特定行业或学科中所认可的方法，以实现既定目的或目标。由于它涉及更高的成熟度，因此最佳实践是一种被证明有效的推荐实践，并为实现它的组织提供价值。这些推荐实践通常来源于全球标准。

OPM 成熟度模型在其结构中借用了两个基本概念：

- 用于支持项目组合、项目集和项目管理的推荐实践。在某些模型中，可能还包括支持这些举措（例如，系统工程、采购和合同管理）和组织驱动因素（例如，能力管理、信息管理和治理）的功能实践。
- 实现能力或流程成熟度的规定途径（例如，制度化、有效性测量、裁剪、控制、绩效监督、流程分析和优化）。在 OPM 成熟度模型的背景下，可能包括支持 OPM 的组织运行潜能。

在组织转型方面，人们倾向于使用和支持能够为自己的生活或他们支持的组织增加价值的事物。他们倾向于拒绝或避免非增值的事物。组织需要知道正在遵循的 OPM 流程，而且这些流程正在提供预期价值。

图 5-2 所示的就是 OPM 成熟度模型如何与组织治理和项目环境进行交互的实践例子。

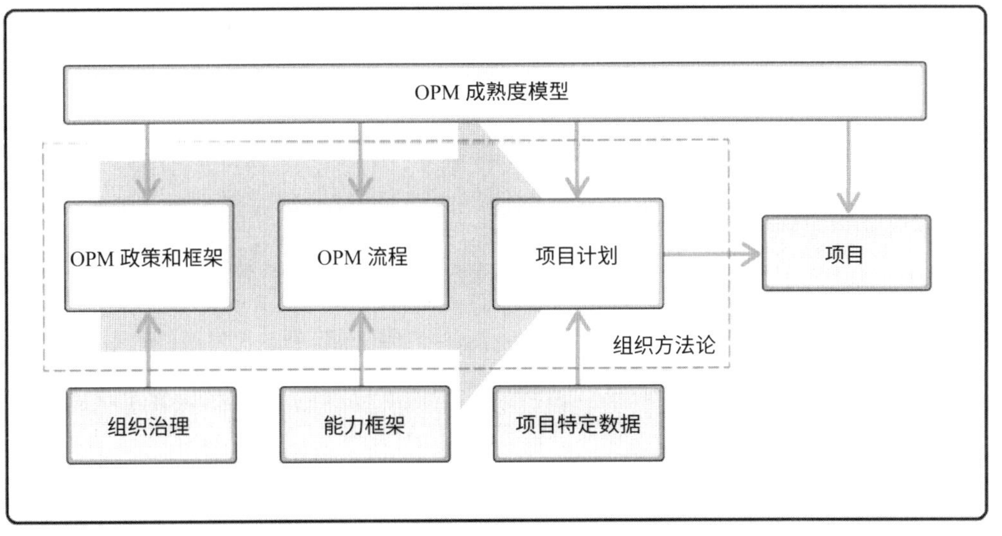

图 5-2 项目组织中 OPM 成熟度模型交互示例

OPM 成熟度模型是用于评估组织的项目管理流程和支持基础架构的卓越能力模型。组织政策起着关键作用，因为它们定义了 OPM 流程的组织需求，并确定了组织的文化和指导原则。政策是由高层管理者制定的规则和指南，由组织采用，通常以广泛可访问的方式发布。政策和程序旨在影响和确定重大决策和行动，以及在其设定的范围内发生的所有活动。相比之下，程序是组织在日常运营中执行政策所采用的具体方法。政策和程序共同确保将组织治理机构所持的观点转化为符合该观点成果的步骤。典型的政策示例包括安全性、保障性、数据机密性和员工差旅政策。OPM 政策应能表达高层管理者对实施和改进其 OPM 治理体系的承诺。

组织政策通过为 OPM 流程提供资源和支持基础架构建设来巩固其权威性，这是组织构建其能力的基础。政策还为 OPM 流程和基础架构建设在 OPM 成熟度发展的早期阶段创建需求，即使正式的 OPM 流程还在制定中，政策也会定义高层管理者对需要执行的内容的期望，从而为组织变革提供支持和奠定基础。

为了能始终如一地遵守框架政策，应该为项目组合、项目集和项目管理从业者和相关方建立起 OPM 流程。另一个重要的考虑因素是每个流程所需的详细程度。适当的详细程度在很大程度上依赖流程用户的能力发展和项目复杂程度。当用户理解了流程细节的级别，并提供了足够的严谨性来交付预期的成果时，就说明流程细节的级别足够了。

还应考虑项目的复杂性。例如，为了确保小型、频繁项目的风险管理，项目经理应采取的建议行动可能用一个典型风险列表就足以管理。该风险登记册可能是项目管理办公室对许多组织项目进行评估的结果。对于大型复杂项目集或项目，可能需要与主题专家进行风险管理研讨会，包括用于执行风险管理各个方面的复杂工具和跟踪系统，组织达到了何种确切的成熟度级别才可以用 OPM 流程有效性和合规性指标来进行测量。

当一个组织制定了制度化的、可裁剪的和可测量的流程时，这就构成了项目管理计划的基础。项目管理计划可以充分利用组织的政策和流程来减少计划开发的时间和精力，并对组织的经验教训加以充分利用。由于 OPM 流程是标准化和可测量的，因此可以使用 OPM 流程绩效指标进行分析。流程卓越方法可用于流程有效性评估、改进机会的识别及商业论证的持续改进。

许多 OPM 成熟度模型的一个方面是，组织成熟度的每级都带有一些组织所要求的特定实践，如标准化、可裁剪和可测量。组织能够提供预期收益所需的流程、组织级支撑基础架构和能力框架就构成了组织计划达到的期望中的未来状态或目标运营模式。如本标准前面所述，OPM 评估是为了确定组织当前状态的差距，弥合这些差距所做的努力就成了 OPM 实施项目集的工作组成部分。

许多 OPM 成熟度模型为建立 OPM 流程的合规性和有效性的测量和分析提供了指导。这些度量指标非常重要，因为随着新流程和实践的建立，组织需要知道流程正在被使用并且正在增加预期价值。非增值的流程可能导致超支，需要进行优化或消除。对增值的关注和对数据驱动的学习型组织的推动可以培养能够适应市场或运营变化的组织环境。定义和测量流程的状态及与价值贡献的一致性使得流程改进方法成为可能。

OPM 成熟度模型通常还提供一些指导或方法来测量组织的 OPM 成熟度。这对于建立 OPM 成熟度的当前状态基准、识别 OPM 能力差距及验证 OPM 成熟度目标的进展非常有用。OPM 评估包括根据推荐的标准或治理框架对 OPM 能力进行合规性测评，以及评估 OPM 能力在满足组织运营和战略需求方面的绩效成果的有效性。正是这些 OPM 能力的绩效成果才促成了 OPM 组织收益的实现。应尽可能地对该组织的现状进行独立的专家评估。该评估将建立 OPM 成熟度基准，以便规划和比较 OPM 能力实施或改进进展。可以根据第 5.9 节中讨论的 OPM 绩效基准来衡量 OPM 成熟度与 OPM 成果绩效的改善进展。

5.7 流程管理

流程管理是应用知识、工具、技术和系统来定义、执行、测量、控制、汇报和改进流程。组织中的实践表示人们实际操作（行为）和记录流程，这些流程定义了管理层指导他们执行的行动或活动。记录的流程可能包括程序、政策、工作指示、工作流、检查清单或指南。它们可以包含在单独的书面程序中，也可以作为指示嵌入计算机程序或应用程序中。

在考虑组织成熟度时，一个基本原则是流程管理已经到位。正式的流程管理可确保实践能被更轻松、更一致地宣贯、测量、控制和改进。流程管理的成熟度可以确保组织定义了制度化、可重复和可测量的流程。它还可确保：(a) 组织能了解流程是如何有效地实现其预期结果的；(b) 流程在可接受的时间段内被有效执行；(c) 实现这些流程获得的价值贡献。应该挑战那些没有切实有效执行或不能实现预期价值的流程。流程管理的更高成熟度为创新、流程改进和组织敏捷性提供了结构化文化。

图 5-3 描绘了能力发展、工具与技术和流程之间的相互支持和依赖关系。例如，流程细节程度和流程的有效性取决于用户的能力水平。如果组织中没有能力发展系统，则应编写具有额外细节的流程，以便所有技能水平的用户能够有效地遵循这些流程。当能力系统部署到位后，用带有提示或检查清单的更简捷的流程就可以保证实施的一致性。工具和技术可以通过控制流程动作及捕捉流程信息和工作流来建立标准化流程，从而允许适当的流程裁剪，确保流程的合规性并测量流程的有效性。

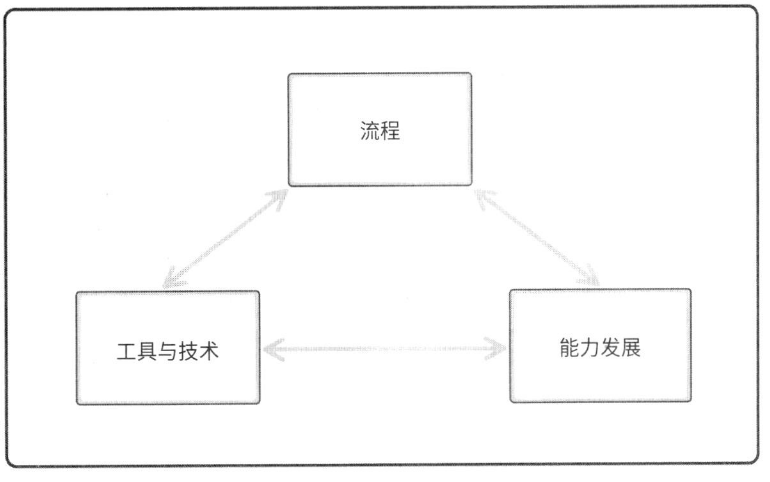

图 5-3　能力发展、工具与技术和流程之间的关系

5.8　建立 OPM 绩效度量指标和关键绩效指标

作为 OPM 实施路线图的一部分，需要建立一个对 OPM 绩效度量指标、质量和关键绩效指标负责的实体，并用于评估组织战略的一致性。从实践的意义上讲，该实体应该关注可能很快影响组织绩效的外部威胁和机遇。在组织层面，应建立一个平衡计分卡，来显示财务的和非财务的 KPI 的平衡。平衡计分卡对于评估组织的健康和绩效至关重要。KPI 用于评估期望是否被明确定义，以及工作职责是否与战略重点保持一致。KPI 还可用于衡量人员对组织愿景、使命和目标的承诺或理解。还可以实施其他 KPI 以确保组织的努力和回报能保持一致，以及评估项目组合、项目集和项目的管理。例如，组织可以通过测量有多少项目组合、项目集和项目的评审使用了组织的 OPM 控制和决策流程，以此来建立 KPI 以评估管理。应注意避免过多的 KPI，这可能导致组织内部 KPI 的不一致或不兼容。

通过建立一个对 OPM 绩效系统的持续维护和治理负责的组织实体，可以实现增值。这个实体可以作为其他职能部门的一部分（例如，质量保证部门的一部分），也可以是专门部门，如 PMO 或卓越中心。应在项目集的早期建立该实体，以便负责人员可以在 OPM 实施的整个生命周期内参与。该人员还将负责提高成熟度和改进 OPM 绩效系统。

可以通过评估有关成本、进度和范围的项目绩效测量基准（Performance Measurement Baselines, PMB）的差异来建立高层级的 OPM 绩效度量指标。这些评估应在整个项目管理生命周期的关键评审点进行，如图 5-4 所示。面向客户的项目生命周期中的关键决策点可以描述为“已售出”（项目启动）、“已规划”（项目规划）、“已建造/交付”（项目交付）及“已结束”（项目收尾）。在这些点上，成本、进度和范围包括预测数据，都需要根据前一阶段的变更进行评估，这是项目监控过程的一部分。

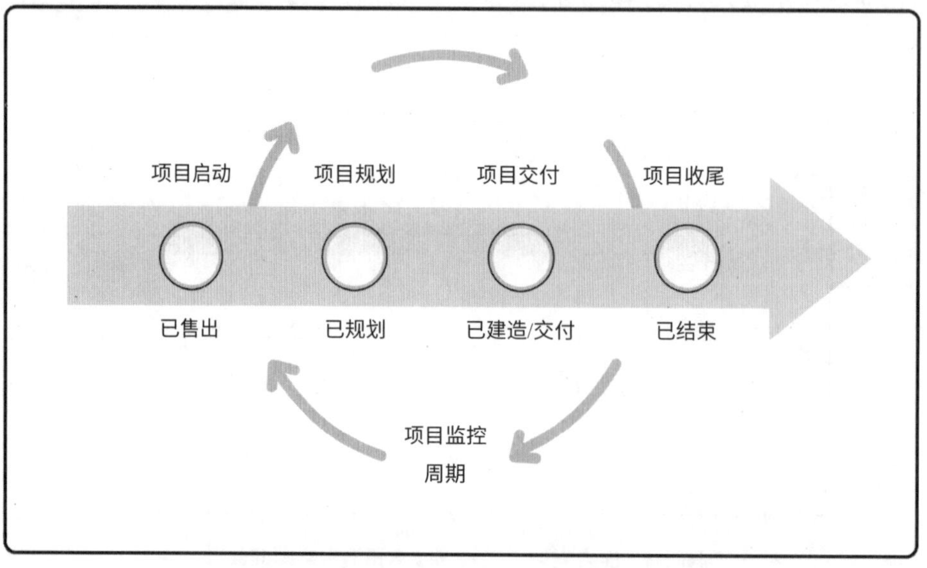

图 5-4　项目绩效测量基准在整个项目生命周期中的特定实例比较

在理想的高成熟度组织中，预测的和实际的项目绩效度量指标与项目启动时建立的基准是匹配的（例如，在外部项目中已售出给客户，或者在内部项目中已承诺给高级管理层）。这反映了范围（稳定和明确的需求）没有或只有极小的变更、高质量的估算、执行中被完美管理的风险、充足的资源，以及在交付后阶段（收尾）没有问题的高质量的可交付成果。当然，这是理想的情况。实际上，即使高成熟度的组织也会遇到不按计划执行的项目（例如，“黑天鹅”事件）。但是，高成熟度组织能从这些不足中吸取教训。

在低成熟度组织中，这些基准揭示了项目中哪里出现了问题和错误，以及组织在管理项目的治理框架上的有效性。例如，如果项目规划设置的基准与项目启动的基准不一致，则说明在前一阶段的绩效质量中存在问题。此外，如果项目在交付结束时的绩效与项目规划时批准的基准不一致，则可能担心项目工作的执行方式或规划过程是否有缺陷。项目交付和项目收尾阶段之间的差异可能表明，尽管项目按预算和进度完成，但质量可能已经被牺牲，并且在项目交付后的保修阶段可能产生额外成本。在保修或现场运营阶段发现错误并要求补救时不仅成本会高很多，而且还会对客户满意度和业务持续性产生重大影响。在规划 OPM 改进举措时，应考虑在项目集或项目生命周期中尽早检测、修复或消除这些错误的影响。

因此，组织可以更关注对减少项目错误、提高成本和设计稳定性产生更大影响的早期阶段。可通过测量其流程结果来评估的 OPM 流程绩效的一些示例：

- 有效的需求开发可以减少对范围的变更，并尽可能早地在项目生命周期中推动对需求的变更。这可以最大限度地降低变更成本及对进度和质量的影响。有效的需求开发也会对客户和员工的满意度产生影响（减少冗余或浪费的工作）。
- 有效的风险管理可以减少威胁敞口和不确定的影响。风险管理流程的有效性可以通过规划的风险应急资源配置或预算的准确性来衡量。意外突发的风险需要大量的资金和资源，这些资金和资源本来可以分配给项目组合中的其他项目（例如，每年比战略期望执行得少的项目）。如果项目的风险应急程度过低，则意外出现的威胁和风险响应将需要额外的预算。这可能需要减少组织项目组合中其他项目的预算，从而增加项目组合的风险敞口和交付的不确定性。
- 可以根据项目交付可靠性（交付到规划的可预测性）、项目生命周期的持续时间/成本、市场影响、与项目绩效贡献相关的组织盈利能力，以及项目交付执行对项目组合/项目集收益实现的影响来衡量 OPM 治理框架的有效性。

如第 5.4 节所述，还应考虑无形收益用于评估和财务影响。在许多情况下，无形收益通过间接方法来衡量，如调查、提高员工满意度和品牌认知度。这些无形收益可以对员工的生产力产生积极影响，并有助于吸引和留住最优秀的人才。以更少的返工更成功地交付项目的组织往往不仅被客户更积极地看待，而且被组织的员工更积极地看待。

总之，OPM 实施项目集绩效衡量基准应该从以下几个方面来考虑初始、当前和预期的未来状态：(a) 规划的 OPM 能力（例如，OPM 流程框架）；(b) OPM 能力的绩效结果；(c) 与 OPM 绩效结果相关的规划收益。组织对因实施新的或改进的 OPM 能力而改变的预期成果进行定义和测量也是非常重要的。OPM 绩效衡量基准是 OPM 实施项目集仪表板的基础。

5.9 OPM 举措的规划考虑因素

OPM 举措并不总是遵循一条笔直的路径直到结束。这取决于组织在任何特定时间内可以管理的变革数量，可以在某些 OPM 实施工作完成后采用迭代的方法，但需要对结果和验收进行评估，以确定在实施的下一阶段中要执行的工作。一种新的工作方式通常受益于试点和后续工作。这有助于 OPM 根据项目集早期阶段的经验教训对实施计划进行调整并采用。用一成不变的方式从规划直到结尾可能是不可行的。使用迭代控制阶段的 OPM 实施，以特定的流程成果为目标，并且可以充分利用增量收益来实现速赢和渐进式成功。一个例子是首先改进项目启动的流程，因为项目的这些早期阶段实施成本最低，并且可能在项目生命周期的后期提高项目绩效的稳定性。我们非常鼓励快速赢得相关方的认可、支持并取得管理层同意去实施 OPM 的决策。在 OPM 实施项目集的每个阶段，都应评估商业论证的可行性。这很重要，因为当收益实现或调整时，就会识别出新的收益，转型变革的有效性可能影响实现预期愿景所需的资源及其方向。此外，应仔细监督 OPM 绩效，以了解 OPM 的实施何时能充分满足要求。毕竟当发现 3 级成熟度满足了组织的战略目标和市场预期后，便着手踏上迈向 5 级成熟度的征途，这种情况并不罕见。

实施或改进 OPM 成熟度不是短期或单周期事件，它通常涉及大量的组织变革。这和低成熟度组织尤其相关，因为这些组织的成熟度传统上是通过个人技能和技术而非组织流程实现的。如果人们不使用和采纳新的实践，那么即使最好的 OPM 框架也无法有效地交付组织价值。所以需要建立信任，控制变革的速率，并积极采用组织变革管理中的良好实践。

从一个成熟度级别到另一个成熟度级别的改进通常需要经过 1～2 年的努力并且投入资源。组织应该只规划那些它可以承受的变革数量。在 OPM 实施项目集的过程中，内部和外部环境通常会因重组、合并、收购和市场趋势等因素而发生变化。本章中的信息与《项目集管理标准》[5]和《组织变革管理实践指南》[6]一起，将有助于减轻不确定性，增进理解并有效实施转型变革。

第 6 章

持续的 OPM 管理和监督

6.1 引论

本节介绍组织如何确保组织级项目管理举措成功实现既定的收益，以及如何在实施项目集完成后维持收益。它还讨论了如何对已实施的 OPM 系统进行长期监督，以确保其继续提供收益，以及如何继续改进 OPM 系统。对实施项目集本身的监督没有涉及，因为在《项目集管理标准》[5]中已经介绍过。

如第 2 章和第 5 章所述，研究表明，大多数不追求持续改进的组织将倒退并失去以前获得的价值。因此，确保 OPM 举措包括持续改进流程就非常重要。

6.2 确保 OPM 收益实现和维持

实现并维持收益是 OPM 实施项目集成功的关键。OPM 管理和监督有两个阶段。第一阶段是在项目集自身期间，以及在将功能交付给组织并被用户采纳之后不久。第二阶段是在该项目集结束之后，涉及长期监督和测量。

在一个项目集中，随着该项目集及其项目从项目完工（准备部署）移交到运营单位，收益开始慢慢实现。项目完工并不意味着收益；相反，使用项目的产出（成果）才会带来收益。管理和监督这些单个收益对于确保整体收益的实现并确保变革不会产生意外的负面成果非常重要。

图 6-1 显示了整体 OPM 方法论监控和管理的长期模型。组织规划并实施这种架构来执行监督和改进，以确保 OPM 系统能持续地为组织提供价值和收益，以及可以长期优化收益。

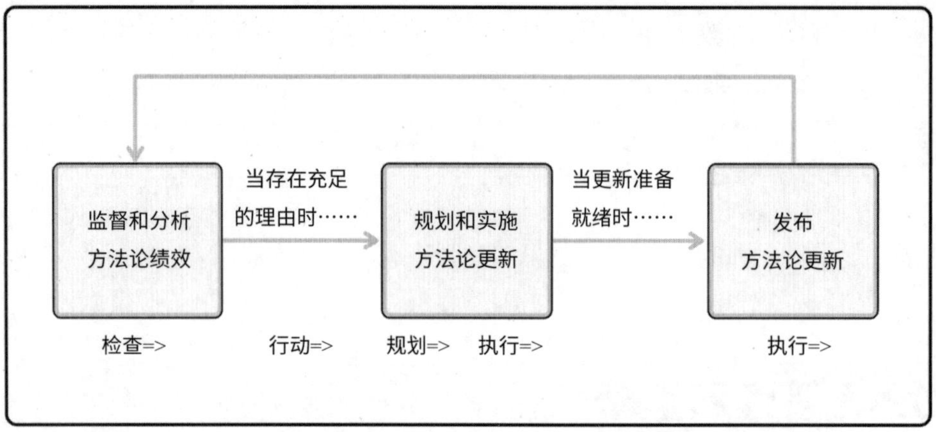

图 6-1　OPM 方法论维护流程——长期模型

随着详细的实施计划的执行及 OPM 被组织所采纳，组织开始实现其在收益实现计划中定义的预期收益。为了确定是否正在实现预期的 OPM 组织收益，OPM 实施团队需根据定义的量化关键绩效指标来测量进展。

测量 OPM 实施对业务的影响是向业务负责人展示 OPM 实施价值的最佳方式，也是最具挑战性的指标。企业领导者对影响盈利的业务成果感兴趣，如上市时间、预算达成、资源利用率，以及直接测量组织实现战略的其他指标。例如，有可能采取项目管理的某个特定指标，如项目按时完成的增加，并将其与商业价值指标（如上市时间）相关联，以确定业务的财务价值。

对于任何新的项目集或举措，可持续性通常是一个问题，无论是 OPM 改进、全面质量管理（Total Quality Management, TQM）、六西格玛、新的人力资源举措，还是企业系统的使用。对于组织来说，确保新举措得以持续并确保识别的收益实现是非常重要的。像 OPM 这样的大型跨职能改进会影响许多组织，因此很难让所有相关方都参与其中。建议成立某种形式的 PMO 并明确高管发起人。

要使 OPM 实施项目集取得成功，运营组织应：

- 拥有新的能力。
- 确保日常用户使用的成果符合预期。
- 确保这些成果持续交付收益（收益实现）并为组织增加价值。
- 与组织的相关方沟通该项目集的成功之处，包括任何内部或外部客户的体验。

6.3　OPM 的长期监督和分析

监督和分析方法论绩效旨在跟踪方法论服务（该方法论在何种程度上满足组织对方法论的期望），

并收集经过验证的实践和经验教训。组织可以建立 KPI，使用六西格玛，并使用精益程序来分析方法论绩效。建议将 KPI 用于持续治理和流程维护。KPI 的示例包括周期时间（执行部分工作的时间）和有效性。

监督和分析方法论绩效包括以下要素：

- 监督方法论使用。目的是了解方法论的使用方式和程度，包括识别未被使用或被错误使用的部分方法论及原因。这种监督还应考虑相关方对方法论的满意度。
- 监督方法论结果。目的是了解方法论如何及在多大程度上提供预期结果，包括识别方法论中的任何缺点及其原因。流程的 KPI 将用于此工作。
- 分析方法论绩效。目的是了解该方法论的有效性。这可以通过分析方法论的使用，或者方法论结果或对以上两者同时分析来进行，并且应该与组织和商业论证的既定收益和价值相关联。
- 收集和分析项目管理经验。目的是收集和分析实践项目的新经验，并了解如何借鉴这些经验，以提高项目的效果、效率和项目成功的机会。
- 收集和分析项目管理知识。目的是收集和分析项目管理研究和开发的新知识，并考虑如何使用它来提高项目的效果、效率和项目成功的机会。这可以通过遵循项目管理书籍、期刊和会议论文，以及方法论提供者提供的更新的公共领域和商业的项目管理方法论来实现。
- 战略一致性。目的是确保与项目相关的项目组合与组织战略保持一致，以最大限度地提高项目组合对战略目标的贡献。随着 OPM 的实施，有效性的测量越来越多地通过项目管理功能如何清晰地直接映射到整体组织绩效的成功上来进行。

监督和分析方法论绩效可以连续、定期或按需求进行。同样，方法论绩效的监控和分析也可以在几个平行的轨道上和几个不同的层级上进行。组织可以做以下工作：

- 收集经验教训，持续地汇集推荐的实践信息和 OPM 知识。
- 收集方法论维护待办事项以备进行中等程度的方法论更新。
- 在相关供应商发布新的公共领域和商业的项目管理方法论平台时更新方法论。

如果有足够的理由需要对方法论进行更新时，在不中断监督和方法论绩效分析的前提下，可以启动方法论维护周期的下一步骤。

6.4 规划和实施方法论更新

规划和实施方法论更新旨在提供相关机构认为必要的方法论更新。这些步骤简要描述如下：

- 启动方法论更新。更新可以由 OPM 方法开发团队、BAU 组织、PMO 或其他机构进行。这个概念是为了做出有根据的决策以判断是否有足够的理由开始该方法论维护周期，以及方法论的哪些部分（如果有的话）需要更新。
- 规划和实施方法论更新。这些可以作为一个流程或项目来进行。其意图是实施授权机构已确定的更新。与项目一样，通过启动、规划和实施来对方法论进行更新。一些组织希望方法论更新在启动、规划和实施时可以先试用，以证明其可用性和对组织及其项目的附加价值。

6.5 发布方法论更新

发布方法论更新包括需要向项目管理人员和项目相关方告知方法论的结构和内容的变更，以及方法论变更或引入的原因。这可以在新的方法论要素有效期内或在重大发布中持续进行。目的是清楚地沟通更新了什么、为什么要更新、谁受更新所影响，以及方法论是如何更新的。

发布方法论更新是方法论维护周期的关键部分。即使最好的方法论概念也可能被错误地理解和忽略，除非它们被适当地传达和诠释，并鼓励和期望对它们的使用。

附录 X1 《组织级项目管理标准》的贡献者和审阅者

X1.1 核心委员会

以下人员是负责起草本标准，包括裁定审阅者评论的核心委员会成员：

Norman K. Prevost, PMP, 委员会主席

Dave Gunner MSc, PMP, 委员会副主席

Joseph A. Sopko, MS, PMP, MSP, 委员会副主席

Christopher Edwards, MBA, PMP
Craig Letavec, PfMP
Amy J. Martin, MBA, PMP
Conrado Morlan, PfMP, PMP
Glenn Strausser, MBA, PMP
Jouko Vaskimo, DSc (Tech), PMP
Karl F. Best, PMP, CStd, 标准专家

X1.2 审阅团队

以下人员是为本标准特定章节贡献内容和评论的审阅团队成员：

Tony Appleby, MBA, PMP
Emad E. Aziz, PfMP, PMP
Panos Chatzipanos, PhD, Dr EUR ING
Samuel YK Cheung, MBA, PMP
Karen Dickson
Kenji Hiraishi, MsE, PMP
Chris Lawler, MEd, PfMP,
Mansoor Mohammed, PfMP, PMP
David A. Maynard, MBA, PMP
Burkhard Meier, MBA, PMP
Jose Angelo Pinto, PMP
Mark N. Scott, PMP
Grzegorz Szalajko, CISA, PMP
Gerhard Tekes, PMP, PMO-CP
Thomas Walenta, PgMP, PMP

X1.3 SME 审阅者

以下人员是被邀请审查初稿并提出改进建议的主题专家：

Hossam Dib Al Wazzan, PMP, PMI-RMP
Elias Aziz, PMP, CSM
Claudia M. Baca, PMP
Manuel F. Baquero V., MSc, PMP
Maria Cristina Barbero, PMP, PMI-ACP
Gregorio Bulnes Castro
Jaime Andres Salazar Cabrera, PfMP, PMI-RMP
Graham Campbell
Pietro Casanova, PMP
Panos Chatzipanos, PhD, Dr EUR ING
Cătălin-Teodor Dogaru, MBA, PMP
Louis Duchesne, MPM, PMP
James Duggan, PMP
Wayne D. Ellis, PE, PMP
Akram Hassan, PhD, PMP
David Hess, MBA, PMP
Hilary Miller Hetzel, MBA, PMP
Kenji Hiraishi, MsE, PMP
Gheorghe Hriscu, PMP, CGEIT
Mohamed Khalifa, PfMP, PgMP
Kimberly Jo Killian, MAAS, PMP
Saneesh Kumar Pothera, MBA, PMP
Hagit Landman, MBA, PMP
Ricardo I. Guido Lavalle, PgMP, PMP
Chris Lawler, MEd, PfMP
Tong (James) Liu, PhD, PMP
Donnie MacNicol, MICE, MAPS
Jan Mandrup

Algin Erozan, MSc, PMP
Theofanis Giotis, PhD, PMP
Leonid Gomberg, PMP
Mrinal Goswami, MBA, PMP
Poonam Gupta, PMP, MCA
Mustafa Hafizoglu, PMP
Burkhard Meier, MBA, PMP
Werner Meyer PhD, PMP
Vladimir Antonio Mininel, PMP
Christy L. Minshall, PMP, CMQOE
M. Aslam Mirza, MBA, PMP
Alison K. Munro, MSc, PMP
Alexandre Nabuco, PMP
Daud Nasir, PMP, LSSBB
Andrea Peruzzi, PfMP, PMP
Yvan Petit, PhD, PMP
Jose Angelo Pinto, PMP
Raju N Rao, PMP, SCPM
Thiago Regal, PfMP, PMP
Terry Ricci, PfMP, PMP
Jason Rodrigues, PMI-RMP, MLARM
Mansoor Mohammed, PfMP, PMP
Chris Mauck, PMP
Harvey Maylor, PhD
David A. Maynard, MBA, PMP
J. Scott McKinney, PE, PMP
Lourdes Medina, PfMP, PMP
Shankar Sankaran PhD, PMP
Sachin Saundattikar, MS, PMP
Paul E. Shaltry, MA, PMP
Cindy C Shelton, PMP, PMI-ACP
Nitin Shende, PMP, PBA
Gary J. Sikma, PMP, PMI-ACP
Vijay S Somannavar MBA, PMP
Marcos Rogerio de Sousa, LLM, PMP
M. Sundar, MSc, PMP
Grzegorz Szalajko, PMP, CISA
Michael Thompson
Michelle Venezia, PMP, PMI-ACP
Dave Violette, MPM, PMP
Thomas Walenta, PgMP, PMP
Kim Wells PE, PMP

X1.4 征求意见稿审阅

以下人员参与了本标准的公开评审并提供了改进意见：

Habeeb Abdulla, PMP, RMP
Khalid Saleem R. Abdallah, EMBA, PMP
Taiwo Abraham, MBA, PMP
Srinivasu Adapa, MBA, ITIL
María José Aguilar, MEng, PMP
Phill C. Akinwale, PMP, OPM3
Shaghayegh Aldaghi
Imad Alsadeq, MSc, PMP, P3M3
Abdulrahman Alulaiyan, PMP, PMI-ACP
Hossam Dib Al-Wazzan, PMP, PMI-RMP
Patsy A. Butler, MHRD, CAPM
Armando Camino, MBA, PMP
Panos Chatzipanos, PhD, Dr EUR ING
Williams Chirinos, MSc, PMP
Sergio Luis Conte, PhD, PMP
Adam D. Coombs, PE, PEng
Mario Coquillat, PMP, PMI-RMP
Cristian Martín Corrales,MPM, PMP
Farshid Damirchilo, MSc, PMP
Gina Davidovic, PgMP, PMP
Sergio Herrera-Apestigue, PMP, P3O
Kenji Hiraishi, MSE, PMP
Gheorghe Hriscu, PMP, CGEIT
Shuichi Ikeda
Marcelo Takashi Ito, PMP, PSM I
Ashok Jain, PMP, CSM
Md Javeed, BE, PMP
Kenichi Kagaya, PMP
Oswin Newton Kakumanu, MBA, PgMP
Elias Kassaye Gebregziabher, PRINCE2

Mark A Annunziata, Sr., CGC, PMP
Tony Appleby, MBA, PMP
Syed Rehan Ali Baaqri, PfMP, PgMP
Claudia M. Baca, PMP
Ganesan Balaji, BE, PgMP
Manuel F. Baquero V., MSc, PMP
Shantanu Bhamare, PMP, LIMC
Nigel Blampied, PE, PMP
Kiron D. Bondale, PMP, PMI-ACP
Farid F. Bouges, PhD, PfMP, PMP
Epifanio (Jun) Bucao, AB, PMP
Ivan Lloro, MSc, PMP
M V Rasa Manikkam, MBA
Jon McGlothian, MBA, PMP
Lourdes Medina, PfMP, PMP
Lubomira Mihailova, MBA, PMP
M. Venkatram Vasi Mohanvasi, BE, PMP
Nathan Mourfield, MBA, PMP
Syed Ahsan Mustaqeem, PE, PMP
Mickey Nakamura, PMP, CSM
Marvin R. Nelson, MBA, SCPM
Nghi Nguyen
Kimberly S. Nix, MBA, PMP
Birgit Nothnagel, PMP
Habeeb Omar, PfMP, PgMP
Mozhgan Pakdaman, PMP, PMI-RMP
Sue Paquette, PMP
Chen Pengzhi, MSC, PMP

Jean-Michel de Jaeger, EMBA, PMP
Panini Deshpande, MBS, PMP
Vahid Dokhtzeynal, PMP, PMI-RMP
Wae K. Elmetwaly, PMP, PMI-ACP
Luis Alberto Flores, PMP, PMI-RMP
Eng. Marius Gaitan, PMP
Ivo Gerber, PgMP, PMI-ACP
Theofanis Giotis, PhD, PMP
Kalyani Govindan, PMP
Gabrielle Bonin Haskins, PMP
Mahmoud Mohamed Hassaballa, PMP, AVS
Héctor A. Pérez Zelaya, PMP, MBE
Truc Pham, PMP, PMI-RMP
Crispin "Kik" Piney, PfMP, PgMP
Svetlana Prahova, PMP
S. Ramani, PfMP, PgMP
Santhi Rao
P. Ravikumar, PgMP, PMP
Alexander V. Revin, PMP
Terry Ricci, PfMP, PMP
Dan Stelian Roman PMP, PMI-ACP
Fernando Romero-P, MBA, PMP
Rafael Fernando Ronces Rosas, PMP, ITIL
Omar Mohamed Sallam, PMP, PMI-RMP
Aminu Sarafa Oluola, PMP, MNSE
Arun Seetharaman, MBA, PMP
Gary J. Sikma, PMP, PMI-ACP
Marisa Silva, MSc, PMP

Suhail Khaled, PMP, PMI-ACP
Taeyoung Kim, PMP
Jörg Klein, PhD, PMP
Henry Kondo, PMP, PfMP
Rouzbeh Kotobzadeh, PMP, PMI-ACP
Rakesh Kumar, MBA, PMP
Thierry Labriet, PMP
Boon Soon Lam
Adeel Khan Leghari, PgMP, PMP
Tong (James) Liu, PhD, PMP
Mauro Sotille, PMP, PMI-RMP
Mario Špundak, PhD
Chris Stevens, PhD
Shoji Tajima, ITC, PMP
Tetsuya Tani, PMP
Gerhard Tekes, PMP, PMO-CP
Micol Trezza, MBA, PMP
Mai Anh Tyagi, CSM, SASM
Ali Vahedi, PfMP, PgMP
S K Vickram
Dave Violette, MPM, PMP
J. Steven Waddell, MBA, PMP
Gorakhanath Wankhede, PMP, MCSE
Muhammad Waseem
Kevin R. Wegryn, PMP, PfMP
Michal P. Wieteska, PMP
Kenichi Yoshida, PMP, ITC
Kenji Hiraishi, MSE, PMP

X1.5 PMI 标准集成员顾问小组

以下人员是为本标准提供指导和意见的 PMI 标准集成员顾问小组成员：

Maria Cristina Barbero, PMP, PMI-ACP
Brian Grafsgaard, PgMP, PMP
Dave Gunner, PfMP, PMP
Hagit Landman, MBA, PMP
Vanina Mangano, PMP, PMI-RMP
Yvan Petit, PhD, PMP
Chris Stevens, PhD
Dave Violette, MPM, PMP
John Zlockie, MBA, PMP, 标准经理

X1.6 协调机构

以下人员是最终批准出版本标准的协调机构成员：

Nigel Blampied, PE, PMP
Chris Cartwright, MPM, PMP
John Dettbarn, DSc, PE
Charles Follin, PMP
Dana Goulston, PMP
Brian Grafsgaard, PgMP, PMP
Dave Gunner, PMP
Dorothy Kangas, PMP
Thomas Kurihara
Hagit Landman, PMP, PMI-SP
Tim MacFadyen, MBA, PMP
Mike Mosley, PE, PMP
Nanette Patton, MSBA, PMP
Yvan Petit, PhD, PMP
Kik Piney, BSc, PgMP
Mike Reed, PfMP, PMP
David Ross, PgMP, PMP
Paul Shaltry, PMP
Chris Stevens, PhD
Geree Streun
David J. Violette, MPM, PMP

X1.7 PMI 制作人员

Donn Greenberg，出版社经理

Roberta Storer，产品编辑

Barbara Walsh，出版社产品主管

Kim Shinners，出版社产品助理

X1.8 《组织级项目管理标准》中文版翻译者

以下人员担任了《组织级项目管理标准》中文版的翻译工作：

傅永康 PMP, MBA

肖杨 PMP, MBA

续华 PMP, MBA

附录 X2　OPM 实施的组织考虑

在着手使用 OPM 框架之前，还需仔细考虑许多方面。该框架并不能一劳永逸，适用于任何情况。

关于方法论，在考虑用何种方法时，分析和评估对业务而言至关重要的因素是非常重要的。相比成本或可靠性，业务有时可能更为重视交付速度。在这种情况下，方法论的选择需要确保采用的是最合适的路径。

同样，治理需要对组织有整体观，以便了解诸如文化和客户（内部或外部客户）的需求等因素。

此外，管理知识的过程也很重要，需要理解和鉴别知识是如何被保留和传递的。最后，不应忽视围绕项目管理社区发展和成长的组织过程。

X2.1　评估现状和准备状态

该过程的最初步骤之一是从组织角度评估当前状态并确定是否准备就绪且继续进行。在某些情况下，组织可能有继续进行的愿望，但是它可能无权这样做。

其目标是对组织内当前的项目管理实践达成共识，从而为 OPM 方法论奠定基础。该评估阶段包括以下步骤：

- 确定组织是否需要开发 OPM 方法论。项目可能是也可能不是组织业务的重要组成部分。
- 评审组织在项目管理领域的当前成熟度。此步骤涉及对组织的项目管理成熟度和准备水平的评估。
- 评估组织结构。许多组织在项目管理方面表现不佳的原因不是因为它们有糟糕的项目经理或项目管理实践，而是因为组织结构可能不支持项目的执行。这涉及诸如项目预算、资源所有权和职位描述等领域。

为了能够选择开发或裁剪 OPM 方法论的最佳起点，组织需要识别和考虑相关的组织和项目问题，以及 OPM 方法论所期望的能力。对这些关键问题的认识和考虑使得每个组织能够选择最适合其组织和项目需求的最切实有效的方法论基础。对这些问题的评估可以使用情境评估工具，当然不使用亦可。

关键在于要确保 OPM 方法论的建立能够解决相关的组织和项目问题。因此，有必要了解 OPM 方法论运作的背景和环境。提高对 OPM 方法论的预期能提供的成果的理解也很重要。OPM 方法论能与组织和项目的环境、背景和情况相适应是至关重要的。

在尝试建立 OPM 方法论之前要考虑的一些组织问题：

- 组织业务领域之间的隔离。
- 缺乏对国家和地方传统和文化方面的适应性。
- 组织成熟度不足（包括项目管理成熟度）。
- 组织客户定位（内部或外部）。
- 缺乏组织战略和战术的沟通。
- 对组织趋势和项目及项目管理的压力的采纳缺乏敏捷性。
- 从组织的角度来看需要注意的重要问题或领域。
- 缺乏关键组织相关方的支持。

在尝试建立 OPM 方法论之前需要考虑的一些项目问题：

- 项目与组织战略不一致。
- 选择的项目不是实现战略目标的驱动因素。
- 项目治理不当。
- 缺乏项目路线图。
- 缺乏由于内部或外部因素对组织战略的影响，从而要重新调整项目范围的敏捷性。
- 无法按类型、应用领域或规模对项目进行分类。
- 缺乏项目风险的优先排序。
- 严格的项目生命周期。
- 无法管理项目可交付的复杂性。
- 缺乏技术资源来管理项目进度。
- 缺乏关键项目相关方的支持。

支持开发 OPM 方法论的一些原因：

- 提供一种通用的工作方式。
- 为项目提供结构。
- 使项目标准化并提供一致性。
- 提供通用的项目语言和/或词汇。
- 提高项目管理质量。
- 循环利用经验教训和最佳实践。
- 增强 OPM。
- 加强项目风险管理。
- 加强项目进度管理。
- 加强项目范围管理。
- 提高项目成功的机会。
- 提高项目效果。
- 提高项目效率。

通过考虑这些问题，并在建立、开发和维护 OPM 方法论时考虑这些问题，组织更有可能开发出适合组织和项日环境、背景和条件的方法论，并提供预期的结果。

在为组织选择方法论时，另一个主要考虑因素是，与项目和项目集的复杂程度相关的方法论需要多快到位的重要性。图 X2-1 说明，对于复杂的项目集或项目，流程、工具和方法论需要加以裁剪，以尽可能地适用于每个项日集或项目。如果项目集和项目很简单，几乎没有复杂因素（人为、系统或不明确性），建议采用简单的方法或方法论。有关复杂性的其他信息，请参阅《项目复杂性管理实践指南》（*Navigating Complexity: A Practice Guide*）[9]。

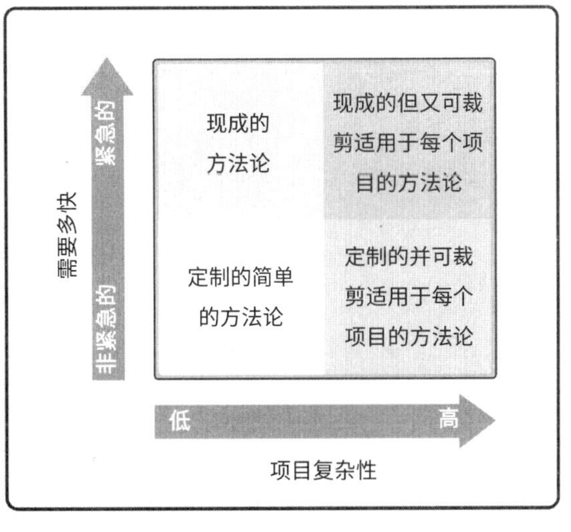

图 X2-1　优先级评估——对组织而言什么是重要的

附录 X3　关于实施 OPM 举措的推荐调查问题

本附录中包含的调查问题旨在帮助组织进行自我评估，以确定其在与 OPM 相关的实施因素中所处的位置。本调查适用于基础或改进阶段的组织。它不是一个详尽或限制性的列表，而是指导用户关注典型的关键实施阶段应注意的事项。另一种方法是使用《组织级项目管理成熟度模型》（*Organizational Project Management Maturity Model, OPM3®*）[10]和相关服务进行更正式的评估。

X3.1　与关键成功因素的实施相关的问题

X3.1.1　持续领导

- 谁是发起旨在促进 OPM 项目集的最资深、最合适的人选？
- 谁是日常领导 OPM 举措的最资深、最合适的人选？
- 在整个组织中最适合担任 OPM 的治理小组或指导委员会的领导网络是什么？
- 目前有哪些相关的发起实践？

X3.1.2　持续改进

- 组织采取哪些行动来跟踪组织战略的成就？使用什么成功标准？
- 组织中谁跟踪组织战略的成就？
- 组织如何识别需要改进的领域？
- 组织如何管理风险？
- 组织中谁定义应急计划？
- 组织如何识别可能有助于实现组织战略的机会（内部或外部的）？

- 组织如何识别可能影响组织战略实现的威胁（内部/外部）？
- 实施差距分析的频率如何？上一次是什么时候？
- 组织中谁定义了实现组织战略所需采取的行动？
- 与项目组合、项目集和项目相关的组织的持续改进活动如何？

X3.1.3 组织变革管理

- 业务职能部门的工作是否在“孤岛”中开展？
- 组织中的业务职能部门如何看待支持职能部门？
- 组织中的支持职能部门如何看待业务职能部门？
- 对支持职能部门的一般看法是什么？
- 对业务职能部门的一般看法是什么？
- 组织是否有跨业务职能部门的举措？
- 组织是否有过成功的跨业务职能部门的举措？
- 跨职能举措中支持职能部门的参与程度如何？
- 组织是否将举措与业务流程联系起来？
- 项目如何适应组织中的跨业务举措？
- 项目如何适应业务流程？
- 组织如何管理变革？
- 谁领导组织的变革管理？
- 组织是否有变革管理流程或政策？
- 每种类型的相关方都存在哪些沟通渠道？这些渠道效果如何？

X3.2 与 OPM 举措的一般性准备有关的问题

- **业务结果。**目前对项目组合、项目集和项目的贡献绩效如何？
- **环境因素。**这些项目如何与竞争对手、客户或监管机构产生共鸣？
- **组织文化和风格。**流行的决策模式是什么？沟通是非正式的还是正式的？组织对风险的容忍度如何？组织以结果为导向的程度如何？有关如何对待和鼓励员工发展的政策和实践是什么？

- **有大量的改进变革组织经验。**组织如何处理变革？在变革方面，组织是否敏捷？哪些竞争性变革举措可能干扰 OPM 举措？
- **组织过程资产。**与项目组合、项目集和项目有关的治理流程是什么？企业风险管理如何适应 OPM 的场景？项目管理信息系统的效果如何？还需要考虑哪些管理系统？
- **组织战略规划。**是否存在连接战略、愿景和使命与组织项目集和项目的明确桥梁？
- **组织结构。**哪些现有的相关组织结构或政策指导结构可能有助于或阻碍 OPM 实施？组织被认为是职能型、矩阵型还是以项目为中心型的？
- **与 OPM 相关的角色和职责。**PMO 是否已经到位？是否有正式或非正式的项目管理实践社区？
- **以往的组织项目管理评估结果。**存在哪些与项目组合、项目集和项目的当前能力和绩效相关的可靠的知识？
- **相关方清单。**组织中谁需要加入 OPM 举措？加入需要什么条件？

X3.3 与实施核心驱动过程有关的问题

X3.3.1 战略一致性

- 组织是否有记录成文件的战略计划？在年度商业计划中是否可见？
- 组织的业务职能部门是否独立启动项目而无须咨询高级管理团队？
- 所有业务和支持职能部门负责人是否了解组织的目的？
- 如何整合组织中的业务职能部门和支持职能部门？
- 组织是否了解协调一致业务和支持职能部门以实现组织目的的好处？
- 支持职能部门的负责人（如经理/总监/副总裁）是否了解业务职能部门对组织的作用？
- 业务职能部门的负责人（如经理/总监/副总裁）是否了解支持职能部门对组织的作用？
- 组织的员工是否了解支持职能部门对组织的作用？
- 组织的员工是否了解业务职能部门对组织的作用？

X3.3.2 组织级项目管理方法论

- 业务职能部门的项目管理知识水平如何？
- 支持职能部门的项目管理知识水平如何？

- 当在一起工作时，组织中的业务和支持职能部门是否有整体的方法参与项目组合、项目集和项目的管理？还是它们只专注于自己的专业领域？
- 组织是否有记录成文档的关于实践和技术的项目管理方法论？
- 项目管理团队的经验水平如何？
- 组织是否有项目管理办公室？它提供什么服务？
- 组织如何定义项目成功和失败的度量指标？

X3.3.3 治理

- 组织中谁能批准重大项目，例如，总经理/ CEO、业务职能部门负责人（如经理/总监/副总裁）或审批委员会？
- 组织是否有包含项目组合、项目集和项目的治理模型/框架？
- 如果有，治理模型/框架是否会贯彻到业务和支持职能部门？
- 如果没有，组织中谁能识别组织战略实现的差异？
- 组织评审组织战略里程碑实现状况的频率如何？
- 谁属于组织中的治理实体？
- 治理实体见面开会的频率如何？

X3.3.4 能力管理

- 组织是否已经为支持项目组合、项目集和项目管理的业务和支持职能部门制订了正式的培训和发展计划？
- 组织是否有业务和支持职能部门人员的职业发展框架，包括项目组合、项目集和项目管理？
- 业务和支持职能部门之间如何分享与提高项目组合、项目集和项目的质量或效率相关的经验教训？
- 组织是否支持创建和开发与 OPM 相关的实践社区？
- 组织如何评估与项目组合、项目集和项目相关的管理团队和员工的技能？
- 组织中谁负责与 OPM 有关领域的管理团队及员工的职业发展？

附录 X4 如何开发一个裁剪的 OPM 方法论

X4.1 引论

组织级项目管理方法论是执行项目组合、项目集和项目工作的人员使用的关于实践、技术、程序和规则的系统，以满足需求和交付收益。无论其形式如何，该方法论涵盖了在组织中项目执行的所有层级和方面。它是 OPM 概念的核心，因为它连接了组织的关键部分。其他核心驱动流程有助于实施正确的项目管理方法论。有效裁剪的方法论可以与组织的商业模式进行适当且有用的连接和修改。结果是一种裁剪的项目管理方法论，可以灵活地适应组织未来的需求和变革。

所有组织正如它们不同的目标、文化、商业模式、价值观、组织模型、战略驱动因素、流程和程序及内部和外部制约因素（如法规）所展示的那样，都是独特的。即使共享一个业务领域的组织也会以不同的方式实施其战略。为在组织环境中的有效使用而裁剪的 OPM 方法论只有与业务需求一致时，其效果才是最佳的。该方法论根据组织和项目的需求和经验定制并应用于项目组合、项目集和项目。方法论应用或适合度因组织而异，具体取决于执行的项目集和项目的特征。

在本附录中，开发裁剪的方法论的示例仅适用于项目。项目类型、大小和复杂性等特征是基本考虑因素。以下示例展示了这些特征如何修改项目方法论的应用方式：

- 一个 IT 项目需要与其他系统组件进行技术测试。该方法论支持整合活动、相关方和流程。
- 一个设施项目需要协调第三方产品和服务。该方法论支持第三方管理指导和流程。
- 一个高度复杂的项目需要加强监控方法，以确保所有组成要素之间的紧密一致。裁剪监控实践以加强必要的审查是适用的。

当组织管理许多独特类型的项目时，应考虑开发多种方法论。多种方法论在项目类型中应具备一致性，并使组织能够实现《PMI 职业脉搏调查®深度报告：有效人才管理的竞争优势》（*PMI's Pulse of the Profession® In-Depth Report: The Competitive Advantage of Effective Talent Management*）[3] 在研究中提及的收益。可能需要不同方法论的不同类型项目的示例包括但不限于：建筑、软件、航空航天和制药项目。

项目管理方法论使用现有的组织过程资产来提供组织特定的结构和指导，从而提高项目完成的成功率。这些组织过程资产包括特定于执行组织并由其使用的政策、程序和知识库（如经验教训和历史绩效信息）。其他组织过程资产可能包括已完成的项目进度计划、风险数据、挣值数据和项目集的收益实现，以及项目组合管理的风险管理有效性的汇总。组织过程资产是大多数规划过程的输入，应该整合到项目管理方法论中。项目管理方法论是 OPM 方法的关键组成部分，应包含对这些组织过程资产的具体参考和标注，而不是重新创建或排除它们。例如：

- 人力资源管理活动应参考组织人力资源政策。
- 成本管理活动应参考组织财务控制程序（例如，时间报告、所需支出和支付审查、会计代码和标准合同条款）。
- 使用组织特定的模板或表格（例如，风险登记册、工作分解结构、项目计划网络图和合同模板）被期望作为项目管理方法论的一部分。随着 OPM 实施的成熟，可能有必要修改和补充现有的组织过程资产。

X4.2 开发方法论

以下流程可帮助组织裁剪其项目管理方法论，通过微小的修改还可用来开发项目组合和项目集的方法论。组织应考虑为每种项目类型开发一种独特的方法论。如果项目类型存在相似之处，组织可能考虑修改现有项目管理方法论以简化方法论开发流程。无论组织是在开发其第一种方法论还是扩展现有的一套方法论，都应遵循这些流程步骤，以确保没有忽略不同项目类型的任何独特的方面。

图 X4-1 中显示的简单输入、制约因素、输出和资源（Inputs, Constraints, Outputs, and Resources, ICOR）描绘了可用于生成裁剪的方法论的高层级过程。

可以采用几种方法来开发裁剪的过程。组织可以考虑第 X4.3～X4.11 节中描述的方法，或者开发自己的方法。

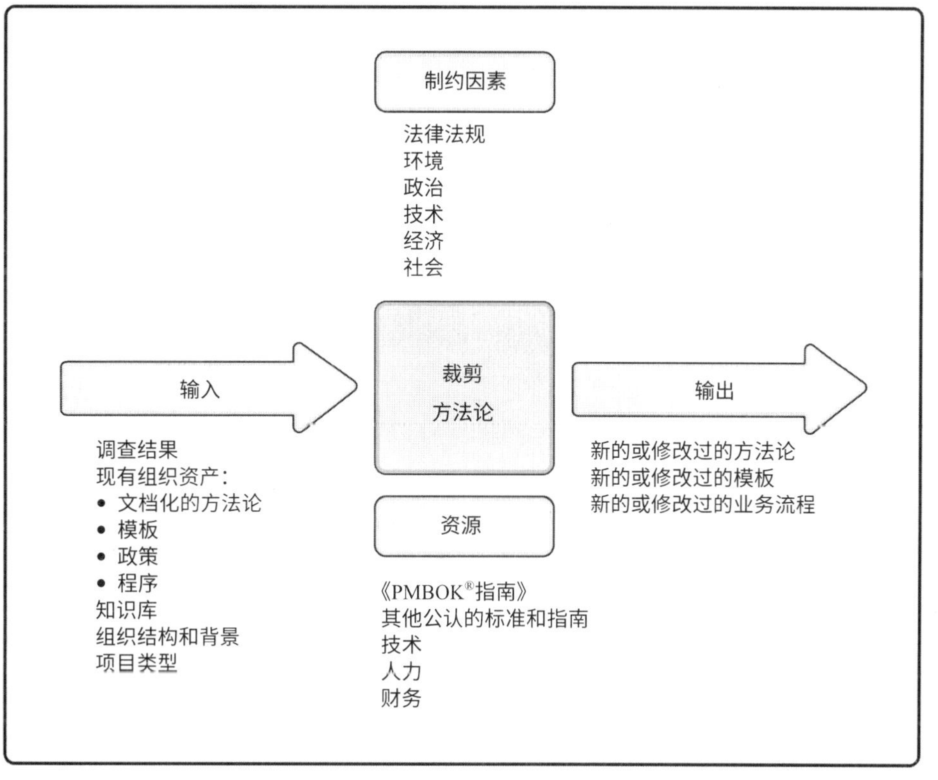

图 X4-1　方法论裁剪过程

X4.3　识别项目类型

每个组织都是独特的，需要确定如何区分项目类型。要区分项目类型，需提出以下问题：

- ◆ 是否有提供类似项目的共同业务线（例如，建筑、航空航天、制药）？
- ◆ 项目是否存在共同的风险等级？
- ◆ 是否存在不同程度的复杂性（例如，在具有稳定工业基础的单一地点开发的小部件，抑或为了交付项目而需要整合多个组件的跨国成员的工作）？
- ◆ 是否有内部和/或外部客户？
- ◆ 所执行项目类型的规模差异是多少？
- ◆ 项目的持续时间是多少？
- ◆ 紧急程度如何？
- ◆ 项目是否会引起公众或媒体的重视？
- ◆ 项目可交付成果是否明确或未知（例如，建造桥梁与进行研究以测试一种理论）？

- 交付项目是需要成熟技术还是需要开发新技术（例如，制造传统内燃机或开发下一代交通技术）？
- 项目是劳动力或资本密集型，还是两者兼而有之？
- 是否存在需要参与的监管机构或需要遵守的法规？

X4.4 识别输入

识别项目管理方法论的输入。在为项目类型裁剪方法论时有许多注意事项，包括以下内容：

- **组织调查结果。**见本标准附录 X3。
- **事业环境因素。**见《PMBOK®指南》[8]第 2.2 节所述。在规划和维持项目管理方论法时，需要从"整个企业"考虑。包括可以为特定方法论步骤或任务的开发做出贡献的跨组织相关方（包括但不限于人力资源、财务、法律、信息系统或技术、培训等）。这对于确保将业务管理框架整合到项目管理方法论中以实现组织的战略目的和目标至关重要。这些跨组织的相关方带来了他们所在领域或业务部门的集体性知识，并提供了详细而独特的视角，这对裁剪基础方法论至关重要。如果不增加组织及其领域/业务单元的独特性，组织可能很难发现方法论中的价值，并且在开发和实施 OPM 的尝试上会功亏一篑。
- **组织过程资产。**见《PMBOK®指南》[8]第 2.3 节所述。使用现有的 OPA 来提供组织特定的结构和指导，从而提高项目完成的成功率。OPA 包括执行组织所特有的和使用的政策、程序和知识库（例如，经验教训和历史绩效信息）。OPA 可能包括已完成的项目进度、风险数据、挣值数据、项目集的收益实现，以及投资组合的风险管理有效性的汇总。OPA 是大多数规划过程的输入，应该整合到项目管理方法论中。由于项目管理方法论是 OPM 方法论的关键部分，因此应该参考 OPA 而不是重新创建或排除 OPA。例如，人力资源管理活动应参考组织人力资源政策，成本管理活动应明确组织财务控制程序（例如，时间报告、所需支出和支付审查、会计代码和标准合同条款）。
- **现有模板。**模板或表格是项目管理方法论的一部分（例如，风险登记册、工作分解结构、项目进度网络图和合同模板）。
- **组织结构。**组织结构（例如，等级型、矩阵型等）和文化（例如，以效率为中心、以风险为中心、以客户为中心等）应该塑造方法论和推动公司文化的发展。
- **组织背景或环境。**考虑组织背景和环境。示例包括：
  - 监管的环境。

- 政府机构或非政府组织。
- 预测方法或迭代/增量（敏捷）。
- 国际、地区或当地市场。
- 发展经济/市场。
- 内部抑或外部客户。
- 资本注入的时间选择（早期或晚期）。
- 新产品开发。
- 有形或无形的终端产品。

X4.5 识别制约因素

识别不同项目类型的制约因素。制约因素是必须遵循的事项。例如，涉及环境、报告或安全的法律法规。

X4.6 识别资源

识别可用于协助开发方法论的资源。

- 识别可以修改的任何现有项目管理方法论，以支持其他项目类型。根据不同项目类型之间的差异程度，利用现有方法论可能是有益的。描述不同项目类型之间的差异特征，并在使用现有方法论作为开发新项目方法论的基础时考虑这些差异。
- 在《PMBOK®指南》、其他 PMI 标准、其他出版物、模板或现有方法中识别相关的已经出版的指南。这些标准和其他文档可以提供基础指导，可以根据其他输入将其定制化以满足组织及其项目的特定要求。

X4.7 开发和记录方法论

在开发裁剪的方法论时，要确保行动计划考虑到输入、制约因素和资源。每个组织都应有一个开发和记录方法论的程序（由图 X4-1 中所示的 ICOR 中的中心框表示）。以下是开发方法论的过程示例：

- 组建一个多学科团队，其中包括组织中相关方的代表，该团队将负责组织项目管理流程的开发、支持和执行。

◆ 为不同项目类型安排生命周期。

◆ 绘制生命周期每个阶段所需的步骤。建议使用包含职责的流程图。

◆ 识别受生命周期中每个步骤影响的业务领域。

◆ 确定现有业务或项目流程所需的任何修改。如果是新流程，请从记录的当前状态开始。

◆ 查看项目管理过程组知识领域映射（参见《PMBOK®指南》[8]中的表 1-4），并确定每个阶段需要哪些过程。也可考虑其他适用的资源。

◆ 记录每个《PMBOK®指南》中的过程是如何被裁剪以适应组织的现有流程、标准和要求的。示例包括：

  ■ 制订沟通管理计划。大型组织的沟通管理计划需要比小型组织更正式。在受监管的环境中，可能需要向政府机构报告。

  ■ 制订采购管理计划。确定整个项目是在内部开发还是使用合同外包服务。

  ■ 制订范围管理计划。记录如何定义、验证和控制项目范围。

  ■ 制订相关方管理计划。制定适当的策略在整个项目生命周期中管理和争取相关方参与。

◆ 创建所需的模板或清单，以记录组织和相应行业的必要步骤。

◆ 记录方法论。这是组织基于《PMBOK®指南》[8]裁剪的方法论。

请务必考虑每个过程步骤的灵活性级别（如强制性或非强制性）。

X4.8 生成输出

该过程的输出是被记录的裁剪的方法论可以应用于所识别的项目类型。

X4.9 持续改进

随着组织演化和环境因素变化，定期重新评估和更新此方法论非常重要。

X4.10 监测关键绩效指标

关键绩效指标可以包含一系列不同的度量指标，以评估项目管理方法论的有效性、影响和成熟度。有关项目管理方法论中使用的 KPI 的示例，参见第 5.8 节。

X4.11 重复每个不同类型的项目

对于所有不同的项目类型，重复这些步骤（第 X4.4～X4.10 节），使用第一个作为其他步骤的基础。

X4.12 总结

X4.12.1 开发一个裁剪的项目管理方法论

- 识别组织在评估阶段收集的输入。这些包括你可能已有的任何当前的实践、方法论和过程。
- 识别组织需要在其下运行的任何制约因素，无论是必需的还是商定的。
- 记录组织的项目类型。如果只识别出一种类型，请确保该方法论可以根据组织选择的项目的大小、复杂性、风险和其他因素进行调整。

附录 X5 OPM 的组织驱动因素

在实施组织级项目管理时，组织需要构建支持环境，用来鼓励、促进和维持转型变革，同时支持项目、项目集和项目组合管理的更多技术方面。这些支持能力被称为组织驱动因素（Organizational Enabler，OE）。OE 是与结构、文化、技术和人力资源有关的实践，可用于支持项目、项目集和项目组合中的最佳实践的实施，以支持战略目标。组织驱动因素是基础能力，有助于确保本标准第 1.3.1 节中列出的 OPM 原则。

下面提供了由《OPM3®》[10]确定的组织驱动因素列表，以及本标准中支持这些主题的章节内容部分。

- 标杆管理：第 5.5 节
- 能力管理：第 1.7、3.4、4.4、5.6 节
- 治理：第 3.1、3.5、4.5、5.3 节
- 个人绩效评价：第 4.4.3 节
- 知识管理和 PMIS：第 3.1、3.3、4.3、5.3.3 节
- 管理系统：第 4.5 节
- OPM 社区：第 4.4.2.3 节
- OPM 方法论：第 3.1、3.2、4.2 节
- 政策和愿景：第 3.5、4.5、5.1、5.2、5.6、5.7 节
- OPM 实践：第 1.3.3、1.6.1 节
- OPM 技术：第 1.6 节
- 组织结构：第 1.3、1.6、4.5.1 节

- ◆ 项目管理度量指标：第 2.3、2.4、4.3.5、5.6、5.8、6.2 节
- ◆ 项目管理培训：第 3.4、4.3 节
- ◆ 项目成功标准：第 4.2、5.8、5.9 节
- ◆ 资源分配：第 1.3、2.2 节
- ◆ 项目发起人：第 1.3.2、1.7、4.5 节
- ◆ 战略一致性：第 1.6、5.2 节

参考文献

[1] Project Management Institute. 2016. *Governance of Projects, Programs, and Portfolios: A Practice Guide*. Newtown Square, PA: Author.

[2] Project Management Institute. 2014. *PMI Thought Leadership Series Report: Spotlight on Success;—Developing Talent for Strategic Impact*. Available from http://www.pmi.org

[3] Project Management Institute. 2013. *PMI's Pulse of the Profession® In-Depth Report: The Competitive Advantage of Effective Talent Management*. Available from http://www.pmi.org

[4] Project Management Institute. 2017. *Project Manager Competency Development Framework* - Third Edition. Newtown Square, PA: Author.

[5] Project Management Institute. 2017. *The Standard for Program Management* - Fourth Edition. Newtown Square, PA: Author.

[6] Project Management Institute. 2013. *Managing Change in Organizations: A Practice Guide*. Newtown Square, PA: Author.

[7] Project Management Institute. 2017. *The PMI Guide to Business Analysis*. Newtown Square, PA: Author.

[8] Project Management Institute. 2017. *A Guide to the Project Management Body of Knowledge (PMBOK® Guide)* - Sixth Edition. Newtown Square, PA: Author.

[9] Project Management Institute. 2014. *Navigating Complexity: A Practice Guide*. Newtown Square, PA: Author.

[10] Project Management Institute. 2013. *Organizational Project Management Maturity Model (OPM3®)*. Newtown Square, PA: Author.

术语表（英文排序）

Capability 能力　组织为实施和维持 OPM 需要具备的特定能力。

Methodology 方法论　由某一学科从业人员使用的实践、技术、程序和规则所构成的体系。

Organization 组织　可能包括企业所有层级并可能超越业务线或部门的实体，包括影响或参与项目和业务运营的任何领域或业务部门。适合 OPM 的组织边界可能因组织而异，具体取决于文化、规模、成熟度和业务需求等因素。原则是在一个整合的框架内包括项目运作的所有方面。

Organizational Enabler 组织驱动因素　为实现战略目标，执行组织可以用来使用的与结构、文化、技术或人力资源有关的实践。另见组织级项目管理。

Organizational Process Assets(OPA)组织过程资产　执行组织所特有并为其所用的计划、流程、政策、程序和知识库。

Organizational Project Management(OPM)组织级项目管理　为实现战略目标而整合项目组合、项目集和项目管理与组织驱动因素的框架。另见组织驱动因素。

Organizational Project Management Maturity(OPM Maturity)组织级项目管理成熟度　组织以可预测、可控制和可靠的方式交付期望战略成果的能力水平。

Organizational Project Management Methodology(OPM Methodology)组织级项目管理方法论　由 OPM 从业人员使用的实践、技术、程序和规则所构成的体系。项目管理方法论是 OPM 方法论的一个子集。

Portfolio 项目组合　为实现战略目标而组合在一起加以管理的项目、项目集、子项目组合和运营工作。另见项目集和项目。

Portfolio Management 项目组合管理　为了实现战略目标而对一个或多个项目组合进行的集中管

理。另见项目集管理和项目管理。

Program 项目集 被协调管理以获得分别管理所无法获得的收益的一组相互关联的项目、子项目集和项目集活动。

Program Management 项目集管理 将知识、技能与原则应用在项目集中以实现项目集目标，获得分别管理项目集组件所无法实现的收益和控制。另见项目组合管理和项目管理。

Program Management Office 项目集管理办公室 对与项目集相关的治理过程进行标准化，并促进资源、方法论、工具和技术共享的一种管理结构。另见项目管理办公室。

Project 项目 为创造独特的产品、服务或成果而进行的临时性工作。另见项目组合和项目集。

Project Management 项目管理 将知识、技能、工具和技术应用于项目活动，以满足项目的要求。另见项目组合管理和项目集管理。

Project Management Methodology 项目管理方法论 由项目组合、项目集和项目从业人员使用的实践、技术、程序和规则所构成的体系。项目管理方法论是 OPM 方法论的一个子集。

Project Management Office(PMO)项目管理办公室 对与项目相关的治理过程进行标准化，并促进资源、方法论、工具和技术共享的一种管理结构。另见项目集管理办公室。

Sponsor 发起人 为项目、项目集或项目组合提供资源和支持，并负责为成功创造条件的个人或群体。另见相关方。

Stakeholder 相关方 能影响项目、项目集或项目组合的决策、活动或成果的个人、群体或组织，以及会受或自认为会受项目、项目集或项目组合的决策、活动或成果影响的个人、群体或组织。另见发起人。

Sustainability 可持续性 可以被无限期维持的过程或状态的特征。

术语表（中文排序）

能力 Capability 组织为实施和维持 OPM 需要具备的特定能力。

方法论 Methodology 由某一学科从业人员使用的实践、技术、程序和规则所构成的体系。

组织 Organization 可能包括企业所有层级并可能超越业务线或部门的实体，包括影响或参与项目和业务运营的任何领域或业务部门。适合 OPM 的组织边界可能因组织而异，具体取决于文化、规模、成熟度和业务需求等因素。原则是在一个整合的框架内包括项目运作的所有方面。

组织驱动因素 Organizational Enabler 为实现战略目标，执行组织可以用来使用的与结构、文化、技术或人力资源有关的实践。另见组织级项目管理。

组织过程资产 Organizational Process Assets(OPA) 执行组织所特有并为其所用的计划、流程、政策、程序和知识库。

组织级项目管理 Organizational Project Management(OPM) 为实现战略目标而整合项目组合、项目集和项目管理与组织驱动因素的框架。另见组织驱动因素。

组织级项目管理成熟度 Organizational Project Management Maturity(OPM Maturity) 组织以可预测、可控制和可靠的方式交付期望战略成果的能力水平。

组织级项目管理方法论 Organizational Project Management Methodology(OPM Methodology) 由 OPM 从业人员使用的实践、技术、程序和规则所构成的体系。项目管理方法论是 OPM 方法论的一个子集。

项目组合 Portfolio 为实现战略目标而组合在一起加以管理的项目、项目集、子项目组合和运营工作。另见项目集和项目。

项目组合管理 Portfolio Management 为了实现战略目标而对一个或多个项目组合进行的集中管

理。另见项目集管理和项目管理。

项目集 Program 被协调管理以获得分别管理所无法获得的收益的一组相互关联的项目、子项目集和项目集活动。

项目集管理 Program Management 将知识、技能与原则应用在项目集中以实现项目集目标，获得分别管理项目集组件所无法实现的收益和控制。另见项目组合管理和项目管理。

项目集管理办公室 Program Management Office 对与项目集相关的治理过程进行标准化，并促进资源、方法论、工具和技术共享的一种管理结构。另见项目管理办公室。

项目 Project 为创造独特的产品、服务或成果而进行的临时性工作。另见项目组合和项目集。

项目管理 Project Management 将知识、技能、工具和技术应用于项目活动，以满足项目的要求。另见项目组合管理和项目集管理。

项目管理方法论 Project Management Methodology 由项目组合、项目集和项目从业人员使用的实践、技术、程序和规则所构成的体系。项目管理方法论是 OPM 方法论的一个子集。

项目管理办公室 Project Management Office(PMO) 对与项目相关的治理过程进行标准化，并促进资源、方法论、工具和技术共享的一种管理结构。另见项目集管理办公室。

发起人 Sponsor 为项目、项目集或项目组合提供资源和支持，并负责为成功创造条件的个人或群体。另见相关方。

相关方 Stakeholder 能影响项目、项目集或项目组合的决策、活动或成果的个人、群体或组织，以及会受或自认为会受项目、项目集或项目组合的决策、活动或成果影响的个人、群体或组织。另见发起人。

可持续性 Sustainability 可以被无限期维持的过程或状态的特征。

索引

J

L

N

P

Q

R

S

T

W

X

Y

Z